# DIE GEHEIMNISSE DES BERGKRISTALLS

Korra Deaver

# DIE GEHEIMNISSE DES BERGKRISTALLS

WINDPFERD
Verlagsgesellschaft mbH.

Titel der Originalausgabe *Rock Crystal, The Magic Stone*
Erschienen bei *Samuel Weiser, Inc., York Beach*
Aus dem Amerikanischen übersetzt von Marianne Krampe


Wesentliche Teile des Buches stammen aus *Notes on the Uses of Quartz Crystal* und *The Quartz Crystal Story*


5. Auflage 1993

Umschlaggestaltung: Wolfgang Jünemann
Gesamtherstellung: Schneelöwe, D-87648 Aitrang
ISBN 3-89385-011-2

Printed in Germany

Ich möchte
dieses Buch
all denjenigen widmen,
die es in freiem, selbständigem Denken wagen,
ungewöhnliche Pfade zu betreten,
um das Unbekannte, Verborgene,
das Unerklärliche, Verbotene
zu entdecken.

Mögen es ihrer mehr werden!

# Inhaltsverzeichnis

# Vorwort

In diesem Büchlein habe ich Informationen zusammengestellt, die sowohl aus meinem eigenen Erfahrungsschatz wie auch von anderen stammen, die natürliche Kristalle benutzen. Einiges davon ist bereits veröffentlicht worden, anderes noch nicht. Ich habe versucht, soweit wie möglich auch auf andere Autoren hinzuweisen, aber in den vielen Jahren meiner Beschäftigung mit Kristallen hat sich ein so reichhaltiges Material aus Schriften, Vorträgen und Workshops meinem Bewußtsein eingeprägt, daß mir nicht mehr alle Originalquellen gegenwärtig sind. Einige allgemeine Informationen waren in mehreren Büchern oder Abhandlungen zu finden oder sind in verschiedenen Seminaren oder Workshops aufgetaucht. Es ist daher anzunehmen, daß sie inzwischen im allgemeinen Bewußtsein als Tatsachen akzeptiert sind. Aber ich möchte allen, die sich mit der Erforschung von Kristallen beschäftigen, ganz herzlich für die Auskünfte danken, die sie so liebevoll und freigebig erteilt haben, damit die ganze Menschheit daraus Nutzen ziehen möge.

Wir haben gerade erst begonnen, die vielfältigen Bereiche, in denen man Kristalle einsetzen kann, zu entdecken, und eine intensive Forschung auf diesem Gebiet erscheint vielversprechend. Sich aktiv mit der Erforschung von Kristallen zu beschäftigen, bedeutet auch, gleichzeitig einen Prozeß der Selbsterfahrung zu betreiben, da schließlich die eigenen geistigen, gefühlsmäßigen und spirituellen Energien die Grundlage dieser Arbeit darstellen.

Auf dem Weg zur Entwicklung unserer spirituellen Begabungen sind wir schon ein gutes Stück weitergekommen. Die in eigener Initiative begonnene Entwicklung unseres Selbst fängt an, eine weit bedeutendere Rolle zu spielen, als das in den letzten Jahrhunderten der Fall war. Mehr und mehr Menschen begnügen sich nicht länger damit, das zu glauben, was ihnen von außen vermittelt wird, sondern sie wollen Wissen durch eigene Erfahrung erlangen. In dieser Hinsicht kann ihnen der Kristall als eine Art Sprungbrett zur Selbsterkenntnis dienen.

Die Freunde des Kristalls möchten Sie einladen, entweder in einer Gruppe oder allein eigene Experimente anzustellen. Wenn Sie mit Kristall-Übungen und Meditationen arbeiten, werden Sie wahrscheinlich völlig andere Erfahrungen machen als diejenigen, die Sie ausgedacht und vorbereitet haben. Nur das, was Sie durch eigene Erfahrung und Intuition bestätigen können, kann für Sie als wahr gelten. Gehen Sie einfach mit Umsicht und gesundem Menschenverstand an das Experimentieren mit etwas Neuem heran. Arbeiten Sie in der sicheren Überzeugung, dazu beizutragen, daß der Kristall aus seinem Dunstkreis von Magie und abergläubischem Brauchtum herauskommt, daß Sie zu seinem allgemeinen Verständnis beisteuern, und daß eines Tages die Forschung mit Kristallen eine selbständige Wissenschaft wird.

Niemand weiß, was die Zukunft bringen wird. Die Kristalle haben uns heute ebenso in ihren Bann gezogen, wie es schon unseren Vorfahren mit ihnen erging. Viele Forscher arbeiten heute daran, die Methoden und das offensichtliche Wissen der Alten, wie Kristalle zur Energieerzeugung und Überwindung der Schwerkraft eingesetzt werden können, wiederzugewinnen. Einige von ihnen versuchen angeblich, das Wettersteuerungsgerät von Wilhelm Reich weiterzuentwickeln, das mit Kristallen arbeitete. Man verwendet Kristallenergie und magnetische Kraftfelder bei der Entwicklung neuer Modelle in der Raumfahrt, für den Antrieb im All, intergalaktisches Reisen und Kommunikation. Unser Vorstellungsvermögen ist nicht in der Lage, zu erfassen, wohin uns diese Forschungen eines Tages führen könnten.

In dem Buch „Exploring Atlantis“[1], Band II, von Rev. Dr. Frank Alper, werden zwei zukünftige Verwendungsmöglichkeiten von Kristallen detailliert beschrieben. Dr. Alper nimmt an, daß man die Fähigkeit von Kristallen, Energie zu speichern, dazu einsetzen wird, Wissen wie in einem Computer zu speichern. Es wird möglich sein, einfach eine Bibliothek aufzusuchen und durch die Regale von Kristallen zu gehen, bis man das gewünschte Wissensgebiet gefunden hat, das man sich dann durch bloßes Halten des Kristalls aneignet. Dr. Alper ist davon überzeugt, daß dies einmal Wirklichkeit werden wird.

Der andere zukünftige Einsatzbereich für Kristalle sind Krankenhäuser. „Stellen Sie sich vor“, sagt Dr. Alper, „ein Mensch, der an einer akuten oder chronischen Krankheit

---

1 Reverend Dr. Frank Alper, „Exploring Atlantis“, Bd. II (Phoenix, AZ: Arizona Metaphysical Society, 1982), S. 64.

leidet, geht in ein Krankenhaus. Er wird an einen Apparat angeschlossen, der die Beschaffenheit und Frequenz seiner Schwingungen genau bestimmt. Der Computer analysiert diese Werte und druckt die exakte Abstufung und Kombination von Farbe, Ton und Energie aus, die nötig ist, um das erkrankte Organ wieder ins Gleichgewicht zu bringen. Der Patient wird dann diesem Dreiklang von Schwingungen, die seinem Zustand körperlicher Vollkommenheit entsprechen, ausgesetzt. Nach einer Behandlung sind alle Leiden verschwunden. Der Körper hat zu Ausgeglichenheit und innerer Harmonie zurückgefunden."[2]

Dr. Alper übermittelt als bewußtes Medium Informationen aus Vergangenheit und Zukunft, die ihm von seiner eigenen Seele, „Adamis", und anderen Energiekomplexen übertragen werden, von denen einige im alten Atlantis inkarniert waren.

Überall wird mit Farben, Tönen und Orgonakkumulatoren auf der körperlichen Ebene experimentiert. Man erforscht die Möglichkeiten einer Kombination von geistigen Energien mit Kristallen zum Zwecke der Heilung von Körper, Geist und Seele. Einige Gruppen verwenden Kristalle, um ihre telepathische Verbindung zu Lehrern, Meistern und Heilern aus anderen Dimensionen durch intuitive Einstellung zu erschließen und zu stärken. Andere arbeiten daran, eine Verbindung mit Pflanzen, Tieren und Devas, den Engeln der Mineral-, Pflanzen- und Tierreiche, herzustellen.

Noch vor wenigen Jahren hätte man die Idee und die Vermutungen zu diesen Experimenten verlacht. Die Forscher von heute könnten es gar nicht ernster meinen. Ihre gemein-

---

2 a. a. O., S. 11. Zitat mit Genehmigung des Autors.

same Absicht ist es, eine Welt des Gleichgewichts, der Harmonie und der Liebe zu erschaffen. Dies ist ein erstrebenswertes Ziel, zu dessen Verwirklichung jeder Mensch beitragen kann. Wollen Sie sich uns anschließen?

Kapitel I

# Kristalle in Wissenschaft und Legende

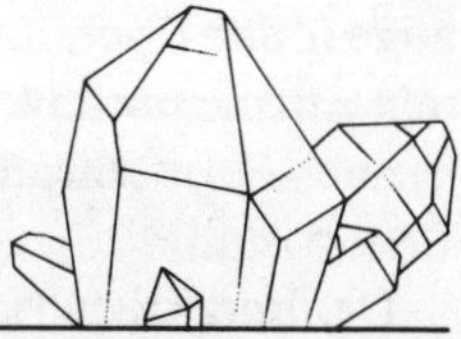

Solange man denken kann, sind bestimmte Steine ihrer unvergleichlichen Schönheit und ihrer verborgenen Macht wegen hoch geschätzt worden. Steine wurden als Glück oder Unglück bringend angesehen. Von anderen glaubte man, sie hätten die Kraft zu heilen. Die Geschichten und Legenden vergangener Zeit verschaffen uns den Zugang zu Vorstellungen, die für uns heute keine Gültigkeit mehr haben. Sie enthüllen das Ausmaß des Einflusses, den Edel- und Halbedelsteine auf die mystische Vorstellungskraft hatten, und die Macht des Zaubers, den sie auch heute noch ausüben mögen.

Zur Zeit wächst das Interesse an den wissenschaftlichen und okkulten Eigenschaften der Quarzkristalle, die in großen Mengen in Arkansas, Kalifornien und New York gefunden werden, sehr stark. Jedes der genannten Gebiete nimmt für sich in Anspruch, die mächtigsten und einzigartigsten Steine zu besitzen. Überall werden zahllose Workshops und

Seminare über den Gebrauch des Kristalls abgehalten, und dies von Lehrern unterschiedlichster geistiger Provenienz, vom traditionsgebundenen amerikanischen Indianer bis hin zu Leuten, die diese Informationen in die derzeitige Bewegung für ganzheitliche Gesundheit und ganzheitliches Heilen einbringen wollen.

Obwohl die Quarzfamilie streng genommen Rosenquarz, klaren Quarz, milchigen Quarz, rauchigen Quarz, Amethyst, Smaragd, Beryll, Achat, Karneol, Chalcedon, Katzenauge (oder Tigerauge), Onyx, Sardonyx und die verschiedenen Zitrine umfaßt, ist der Stein, der im Moment die allgemeine Aufmerksamkeit auf sich zieht, einzig der klare Bergkristall.

Der Bergkristall ist ein durchsichtiger Quarz, ohne die geringste Spur von Farbe, und in seiner reinsten Form ist er absolut glasklar. Auf der Mohsschen Härteskala hat er den Wert 7 (Topas hat 8, Rubin hat 9, und Diamant, der aus der härtesten Substanz besteht, die bislang bekannt ist, hat 10). Diese Skala ist 1922 von einem deutschen Mineralogen, Friedrich Mohs, aufgestellt worden und wird noch heute zum Bestimmen des Härtegrades von Edelsteinen verwandt. Entscheidend ist dabei, ob das jeweilige Mineral andere Minerale ritzen oder von ihnen geritzt werden kann. Der Stein, der einen anderen ritzen kann, wird dadurch als härter definiert als der, der geritzt wurde. Chemisch besteht Bergkristall aus Kieselerde ($SiO_2$). Steine dieser Art kristallisieren rhomboedrisch, d. h. mit rhombenförmigen Seitenflächen, und bilden oft zweispitzige Kristalle von bemerkenswerter Vollkommenheit und Brillanz. Wenn der Stein nur eine Spitze hat, ist die Wurzelhälfte oft weiß und milchig statt klar. Einzelne Kristalle können extrem von der durchschnittlichen Größe abweichen — einige große Steine wiegen bis zu einer Tonne, während andere so winzig sind, daß man kaum ihr Glitzern in der Sonne wahrzunehmen vermag.

Kristalle besitzen einen natürlichen Facettenschliff und werden, außer unbeabsichtigt im Bergbau, nicht verändert: gefundene Steine werden so belassen, wie sie aus dem Boden kommen. Die Brüche, die man sieht, sind vor vielen Zeitaltern durch Gesteinsverschiebungen zustandegekommen; die meisten wurden aber zumindest teilweise durch neue Kristallbildung wieder behoben. Der einzigartige molekulare Aufbau führt zu der typischen Form eines sechsseitigen Prismas, das durch sechs Ebenen scharf begrenzt wird; eine hexagonale Pyramide, die nicht notwendigerweise gleichseitig sein muß. Steine mit zwei Spitzen bilden sechsseitige Prismen mit einer sechsseitigen Pyramide an jedem Ende. An den meisten Fundorten begegnet man solchen Steinen, die einen Kristallzylinder von unterschiedlichster Länge zwischen den beiden Spitzen aufweisen. Im Staat New York werden einzigartige Steine, sogenannte Herkimer-Kristalle, gefunden. Sie bestehen aus zwei sechsseitigen Pyramiden ohne Kristallzylinder dazwischen und ähneln einem Spielzeugkreisel mit zwei Spitzen, der auch umgekehrt tanzen könnte.

Im Bergbau werden häufig Kristalle freigelegt, die eine oder beide Seiten von drei bis dreißig Meter tiefen Sandsteinspalten überziehen. Grubenfachleute führen die Entstehung der Kristalle darauf zurück, daß die Siliziumdioxyd-Verbindungen, aus denen sie bestehen, durch große Hitze geschmolzen und in Risse und Spalten gepreßt wurden, wo sich die chemischen Substanzen aufs Neue miteinander verbanden, kondensierten, sich verdichteten und zu sechsseitigen Kristallen anordneten. Wenn man Kristalle schmilzt, nehmen sie beim Abkühlen wieder eine hexagonale Form

an. Werden sie langsam abgekühlt, bilden sie eine einzige sechsseitige Spitze. Kühlt man sie schnell ab, werden sie in eine Traube von vielen Spitzen versprengt, die alle sechsseitig sind.

Natürliche Quarzkristalle entstanden in Adern und Höhlungen, die sich vor ungefähr 100 bis 250 Millionen Jahren in ältere Sandsteinablagerungen schoben. Der Sandstein, der sehr bröckelig ist, wird mit Bulldozern abgegraben. Dadurch fallen die Gesteinsschichten auseinander, und oft kommen Tausende von Kristallen auf einer einzigen Platte zum Vorschein. Sie können 30 cm oder noch länger sein. Die Geometrie dieser Formation ist sehr fein und verzweigt. Sie liegen in fast vertikalen Platten, die sich nach den Magnetfeldern der Erde ausrichten. In Brasilien wird Bergkristall direkt aus dem Pegmatit (Ganggranit) abgebaut, aber er wird auch aus lehmigen Böden gewonnen, in denen verwitterte Pegmatiten Kristallablagerungen hinterlassen haben. Die reichsten Abbaugebiete liegen in Arkansas, Brasilien und Madagaskar, obwohl man in fast jedem Teil der Erde, in dem es Eruptionen gegeben hat, Vorkommen entdecken kann. Bergkristalle sind je nach Fundort sehr unterschiedlich, und der erfahrene Mineraloge kann sofort den geographischen Ursprung des einzelnen Exemplars bestimmen.

Nur synthetisch hergestellte Kristalle sind gleichförmig und völlig identisch. In der Natur sind sie von unendlicher Vielfalt — so wie Schneeflocken, Blätter oder Menschen. Wie bei allen Kunstwerken, die die Natur hervorgebracht hat, gibt es auch bei den Kristallen keine zwei, die sich absolut gleichen. Kirlianfotografien von verschiedenen Kristallen zeigen, daß ihre Energieausstrahlungen alle unterschiedlich sind. Die einzelnen Kristalle bringen jedes Mal, wenn sie fotografiert werden, dasselbe Muster hervor, solange die äußeren Bedingungen gleich bleiben. Aber jeder Stein hat — wie z. B. ein Fingerabdruck — seine spezifische Energiesignatur. Deswegen sollte man, wenn man seinen persönlichen Kristall auswählt, nach einem Exemplar Ausschau halten, das eine besonders wohltuende und ansprechende Ausstrahlung besitzt. Bei der Arbeit mit Kristallen werden die besten Resultate erzielt, wenn die eigenen Energien und die des Steines miteinander harmonieren.

Kristall hat von Natur aus piezoelektrische Eigenschaften, das heißt, er erzeugt geringe Mengen von Elektrizität, wenn er gedrückt und wieder losgelassen wird. Er oszilliert mit sowohl einem positiven als auch einem negativen Energiefeld. Seine genaue, hochfrequente Schwingungsrate hat unsere moderne Welt ermöglicht. Radio, Satellitenübertragungen, Telefon und Fernsehen funktionieren mit Hilfe dieser pulsierenden Spannung. Der endgültige Durchbruch von Quarzuhren, Radio, Fernsehen und anderen technischen Errungenschaften ist direkt diesem Phänomen der Kristall-Oszillation oder daraus abgeleiteten Erkenntnissen zu verdanken.

Heutzutage werden Bergkristalle von der Wissenschaft in Computern, optischen Geräten, Oszillatoren und Resonanzkreisen für Radiosender, in Radarortungsgeräten und Linsen für Mikroskope, Kameras u. a. eingesetzt. Sie werden in jedem elektrischen Gerät verwendet, das eine extrem hohe Präzision und Empfindlichkeit verlangt. Obwohl man durch synthetisch hergestellte Quarzkristalle oft das natürliche Material ersetzen kann, gibt es viele Anwendungsbereiche, wo die natürliche Substanz in höchster klarer Qualität erforderlich ist.

Natürlicher Quarz besitzt die einzigartige Eigenschaft, viele Arten von Energie zu verstärken, zu brechen und zu synchronisieren: Licht, Elektrizität, Magnetfelder und vielleicht noch subtilere Schwingungsbereiche, für die wir bislang noch keine Meßgeräte haben. Marcel Vogel, ranghöchster Forschungswissenschaftler bei IBM in Kalifornien, behauptet, man werde in der Zukunft Kristalle zum Heilen, in der Gedankenfotografie sowie in intergalaktischer und interdimensionaler Kommunikation verwenden. Bergkristall ist so frei von Radioaktivität, daß Wissenschaftler daraus ihre Teströhren zur Altersbestimmung von radioaktivem Kohlenstoff herstellen. In der Solarenergiegewinnung werden in zunehmendem Maß Verwendungsmöglichkeiten für Quarzkristall entdeckt, die für leistungsfähige Sonnenkraftkonstruktionen einmal große Bedeutung gewinnen könnten.

Es wird prophezeit, daß das kommende Zeitalter des Wassermanns eine Blütezeit von Kenntnissen und Fähigkeiten sein wird, die in der Geschichte der Erde bislang unbekannt waren. Dieses könnte durch eine komplexe Kommunikation auf der Basis von hochfrequentierten Schwingungen ermöglicht werden, die der Menschheit höhere Ebenen von Wahrnehmung und Bewußtsein zugänglich macht. Hierzu paßt, daß der Bergkristall dem Zeichen des Wassermanns zugeordnet wird, denn in seinem natürlichen Zustand stellt er einen ausgezeichneten Brennpunkt für tiefgehende Meditationen, für den Ausgleich von Polaritäten und in der Farbtherapie dar, um nur einige Beispiele zu nennen. Wir werden einige dieser Anwendungsmöglichkeiten später untersuchen.

Von seinen geistigen Kräften her gilt der Bergkristall seit vielen tausend Jahren als ein himmlischer Beschützerstein mit geheimnisvollen oder sogar magischen Eigenschaften. Eine überlieferte Legende erzählt, Bergkristall sei ursprünglich heiliges Wasser gewesen, das Gott vom Himmel gegossen habe. Während das heilige Wasser zur Erde floß, gefror es im äußeren Weltall zu Eis. Dieses heilige Eis wurde dann auf wunderbare Weise durch Schutzengel in Stein verwandelt, damit es für immer kalt bleiben, aber nicht schmelzen und zerlaufen würde, und so das heilige Wasser in fester Form zum Schutz und Segen der Menschheit erhalten bliebe. Kristalle weisen manchmal kleine Blasen auf, in denen sich ein paar Tropfen Wasser befinden. Bei Drehung des Steins bewegen sie sich hin und her. Dies könnte zu der Vorstellung geführt haben, der Kristall sei verfestigtes Eis. Im prunkvollen Alten Rom trugen die Damen Kristallkugeln in den Händen, um sich während des heißen Sommerwetters abzukühlen.

In Japan wird der Bergkristall der „vollendete Stein" genannt. Er symbolisiert einerseits Reinheit und Unendlichkeit des Raums, und ist zugleich Sinnbild für Geduld und Ausdauer. Die Japaner glaubten, die kleineren Bergkristalle seien der gefrorene Atem des „Weißen Drachens", während von den größeren und glänzenderen angenommen wurde, sie seien der Speichel des „Violetten Drachens". Dies zeigt die Wertschätzung des Kristalls, denn der Drache war das Emblem der höchsten Schöpfungsmächte. Syusho, der Name, mit dem man sowohl in China als auch in Japan Bergkristalle bezeichnet, spiegelt ebenfalls die Vorstellung wider, Bergkristall sei Eis, das so lange gefroren wurde, daß es nicht mehr verflüssigt werden kann.

Die Legende, daß Bergkristall eine dauerhafte Form von Eis sei, könnte an einen Aspekt okkulter Überlieferung erinnern: Die Mystik ordnet den Bergkristall dem Wassermann zu, dem Wasserträger und Regenbringer. Nach Sir E. A. Wallace Budge z. B. benutzen Magier in Australien und Neu Guinea den Bergkristall, um Regen zu erzeugen. Vielleicht liegt die ursprüngliche Bedeutung der Entsprechung von Bergkristall und Eis darin, daß sie sich gegenseitig anzogen.

Bei den Druidenpriestern und auch bei den Geistlichen und Königen des christlichen Europa war der Kristall ein heiliger Kultgegenstand. Im Mittelalter besaßen Bergkristalle den gleichen Wert wie Diamanten und konnten anstelle von diesen verwendet werden. Der Kristall war der Stein des „Weißen Lichts", des „Ersten Lichtstrahls" und der „Stein der Weisen " im Mineralreich, genau wie Engel und Heilige als „Stein der Weisen" für das Menschenreich betrachtet werden könnten.

Besonders in der Mystik indischer Brahmanen und tibetischer Lamas, aber auch bei den Sufis spielt der Bergkristall eine bedeutende Rolle. Er ist einer der „sieben Kostbarkeiten" des Buddhismus, und bei den Tibetern heißt es, daß die östliche Himmelsregion aus weißem Kristall erschaffen sei. Bestimmten Hindugottheiten ist u. a. die Akashamala zugehörig, eine Art Rosenkranz aus 24 Kristallperlen, die die 24 Tattvas darstellen.

Die amerikanischen Indianer haben den Kristall lange als heiligen Stein gehütet. Medizinmänner benutzen Kristalle sowohl als diagnostisches Hilfsmittel als auch zur Kommunikation mit Geistern. In den „Mounds" (altindianische Grabhügel) von Arkansas sind Kristalle mit abgeschliffenen Kanten gefunden worden. Man vermutet, daß sie als Zaubermittel und Talismane getragen und dann mit den Toten als deren Eigentum begraben wurden. Dr. Daniel G. Britton schreibt in einer Arbeit über Volksbräuche in Yucatan, die Indianer hätten Zauberei und magische Künste praktiziert. Ihre weisen Männer benutzten den Bergkristall zu Prophezeiungen, was u. a. für die Ernten von Wichtigkeit war.

Im schottischen Hochland benutzte man Bergkristalle als

Zauber zu heilerischen Zwecken. Man glaubte, daß sie die Wasserscheu heilten, Hornvieh von Krankheiten kurierten und als Gegenmittel bei Infektionskrankheiten wirkten. Die übliche Praxis bestand darin, die Patienten — Mensch oder Tier — mit Wasser zu benetzen, in das der Stein unter magischen Beschwörungen eingetaucht worden war. Ein am Rücken getragener, in Silber gefaßter Stein sollte Nierenkrankheiten bekämpfen.

In Mitteleuropa wurde der Stein während des 15. und 16. Jahrhunderts zu Pulver gemahlen und, vermischt mit Wein, in Fällen von Ruhr, Durchfall, Koliken, Gicht und zur Anregung der Muttermilchbildung eingenommen. Kristallstücke wurden auf die Zunge gelegt, um Fieber zu senken und Durst zu löschen. Die Römer benutzten Quarz als Heilmittel gegen Drüsenschwellungen, zur Fiebersenkung und Schmerzlinderung. In Japan trug man als Zaubersteine gefaßte Bergkristallkugeln, um die Wassersucht und andere Auszehrungskrankheiten abzuwenden.

Als magischer Talisman sucht der Kristall seinesgleichen. Die alten Priester glaubten, er sei eine von Gott geschenkte Kraft, die allem Bösen trotze. Er soll negative Energie unwirksam machen, Zauber und Verwünschungen aufheben und jegliche Schwarze Magie zerstören. Weißer Quarz, so glaubt man, trägt dazu bei, die Gedanken aufzuheitern, während roter Quarz positives Handeln unterstützt. Rosa Quarz soll Falten entgegenwirken und dem Träger einen zarten Teint verleihen, während gelber Quarz Offenheit hervorruft und geistiges Erwachen beschleunigt.

Aus Kristall kann man mit etwas Geschick kraftvolle „psychische Werkzeuge“ wie Meditationssteine, Kristallkugeln, Aurasensoren, kleine Kristallpendel, gravierte Anhänger, Kreuze und andere Talismane herstellen. Vor der Herstellung von Glas wurde klarer Quarz für Vasen, Tassen und Schmuck verwandt, wobei Jahre benötigt wurden, um besonders klare Exemplare durch Meißeln und Polieren zu Kunstwerken zu verarbeiten. Wenn man mechanische Zerstörung ausschließt, kann ein Gegenstand aus Kristall theoretisch ewig existieren, da er weder altert noch oxydiert oder verwittert und so hart ist, daß Abnutzungerscheinungen kaum auftreten.

Für die Arbeit mit Kristallen sind keine besonderen Vorkenntnisse oder Erfahrungen erforderlich. Obwohl normalerweise eine Zeit der Einstimmung nötig ist, bevor man ihn benutzen kann, hat doch jeder Mensch von Anfang an das Empfinden, daß ihn ein Gefühl von Harmonie und Übereinstimmung mit seinem Stein verbindet. Einige Kristalle fühlen sich warm, andere kalt an. Einige nehmen Energie schnell auf, andere langsamer, je nach der Fähigkeit des Benutzers, seine Schwingungsfrequenz mit der des Steins in Einklang zu bringen. Das kann für verschiedene Menschen mit ihren entsprechenden Bedürfnissen ganz unterschiedlich aussehen. In jeder Form, in der ein Kristall gefunden wird, liegt eine Absicht verborgen, die auf ihre Entdeckung wartet. Wenn Sie das im Auge behalten, können Sie anfangen, mit Ihrem Kristall auf viele verschiedene Arten zu experimentieren. Finden Sie heraus, was Ihre persönliche Gabe ist und setzen Sie sie für Ihr höchstes oder letztes Ziel ein. Seien Sie sich bewußt, daß es eine unendliche Vielzahl von Verwendungsmöglichkeiten für dieses Geschenk gibt und daß Sie derjenige sind, der sie festlegt. Das Experimentieren ist schon immer die Grundlage für alle wissenschaftlichen Durchbrüche gewesen, und vielleicht werden Sie, lieber Leser, einen Durchbruch auf diesem Gebiet erzielen können.

Auch wenn dieser Durchbruch nur in Ihrem eigenen Selbstverständnis bezüglich Ihrer Seele als kosmische Wesenheit gelingt, werden Ihre Anstrengungen nicht vergeblich gewesen sein. Einst glaubte man, daß in den Garten gestreuter Quarzsand die Energie der Sterne in den Boden brächte und daß etwas ähnliches auch für den Menschen gälte: der Quarzkristall brächte die Energie der Sterne in die Seele. Jeder von uns trägt in gleicher Weise wie der Kristall die Energien des Universums in sich, und wir sollten lernen, sie auf nützliche Zwecke hinzulenken, anstatt auf egoistische und zerstörerische Ziele. Der Bergkristall unterstützt uns darin, indem er nicht nur die körperliche und verstandesmäßige Seite stärkt, sondern auch die seelische und spirituelle. Er symbolisiert Offenheit und Klarheit, Qualitäten, um die wir uns bemühen sollten.

Jedes der folgenden Kapitel enthält Experimente, die Sie selbst ausprobieren können. Machen Sie Notizen über die Ergebnisse Ihrer Versuche. Damit Sie möglichst bald anfangen, haben wir für Sie ein Mini-Tagebuch am Ende dieses Buches angelegt. Durch sorgfältiges Tagebuchführen können Sie genug Informationen sammeln, um eines Tages Ihr eigenes Buch zu schreiben und so das, was Sie gelernt haben, anderen mitzuteilen. Über die technische Verwendbarkeit von Quarz werden viele Erkenntnisse gesammelt, aber über die spirituellen Eigenschaften, die in diesem magischen Stein ebenfalls verborgen liegen, weiß man noch viel zu wenig.

Kapitel II

# Wahrsagen mit Kristallen

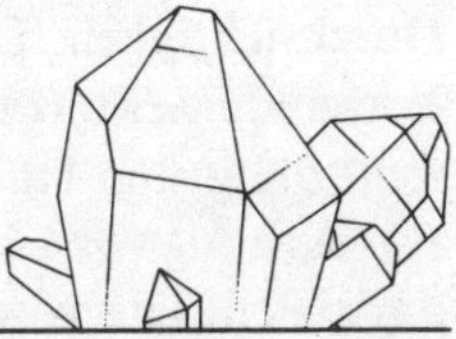

Man sagt, klarer Quarz sei die Summe aller Farben des Regenbogens, er helfe dem Menschen, geistige Klarheit zu gewinnen und bringe Energie und Licht in all seine Bemühungen, einschließlich der Aktivitäten seines physischen und seines feinstofflichen Leibes. Das Wahrsagen mit Hilfe von Kristallspitzen und Kristallkugeln ist Teil unseres Erbes. Aus Legenden wissen wir, wie man auf diese Weise Vergangenheit und Zukunft sah, geistige Visionen empfing oder Informationen erhielt, die für Menschen mit normalen Gaben unerreichbar waren. Eine kristallene Wunderkugel gehört zu den alten keltischen Sagen ebenso wie zur orientalischen Magie, zu alchemistischen Romanen und Phantasiegeschichten, die auf den alten Traditionen beruhen, wie zum Beispiel Tolkiens „Herr der Ringe".

Die Kunst des Wahrsagens mit Hilfe von Kristallen (in alten Zeiten Kristallomantie genannt) wird seit Urzeiten von großen Sehern und Eroberern ausgeübt. Der Kristall vermittelt nicht nur die notwendige „klare Tiefe", sondern enthält in seinem elementaren Wesenskern Eigenschaften, die eindeutig die Hellsichtigkeit anregen. Er hat möglicherweise sogar eine hypnotische Wirkung.

Seit Jahrhunderten ist der Kristall der gebräuchlichste aller Orakelsteine, wobei Beryll, Smaragd, Aquamarin und klarer Bergkristall am beliebtesten sind, wenn es darum geht, hellzusehen oder in die Zukunft zu schauen. Die Farben des Berylls reichen von blau über honiggelb bis hin zur Durchsichtigkeit. Dabei ist die letztgenannte Farbe auf das Vorhandensein von Eisenperoxyd zurückzuführen, während die grüne Farbe und die verschiedenen Blautöne die Auswirkung von Eisenprotoxyd in unterschiedlicher Menge darstellen. Die von Sehern vergangener Zeiten bevorzugte Farbschattierung bei diesem Kristall war das blasse Wassergrün des Berylls oder die zarte Färbung des Aquamarins, wobei Wassergrün astrologisch gesehen als eine Farbe gilt, die ganz besonders unter dem Einfluß des Mondes steht, von dem eine starke magnetische Energie ausgeht.[1] All die verschiedenen Kristallarten enthalten Eisenoxyd, eine Substanz mit einer starken Affinität für Magnetismus. Für die alten Seher galt die strenge Regelung, den Kristall nur bei zunehmendem Mond zu benutzen, was vermuten läßt, daß sie glaubten, es gäbe eine Verbindung zwischen dem Kristall und der unsichtbaren Welt des Magnetismus. Diese wurde ihrer Ansicht nach durch das im Kristall enthaltene Eisen angezogen oder sammelte sich in ihm bzw. um ihn herum

---

1 William Thomas Fernie, M.D., *The Occult and Curative Powers of Precious Stones*, S. 205-208. Copyright 1973 by Rudolf Steiner Publications. Nachdruck mit Genehmigung von Harper & Row Publishers, Inc.

an. Je mehr es auf Vollmond zuging, so glaubten sie, desto mehr vom Mond ausgehende magnetische Kraft sammelte sich im Kristall.

Wenn man zwei Bergkristallstücke im Dunkeln gegeneinander schlägt, sieht man schwache phosphoreszierende Blitze. Reibt man sie aneinander, geben sie ein blaßgelbes Licht ab. Die von Baron von Reichenbach entdeckten elektrischen Pole des Kristalls befinden sich an den Enden der drei Seitenachsen. Diese Kraft, die an den entgegengesetzten Enden eines Kristalls am stärksten ist, ist demzufolge polarer Natur.

Reichenbach veröffentlichte 1845 in Deutschland seine „Forschungen über Magnetismus", in denen er behauptete, daß jeder Kristall eine ganz spezielle Wirkung auf die Nerven ausübt, was bei hochsensiblen oder kataleptischen Menschen besonders deutlich wurde. Bei bestimmten Krankheiten zeigte diese Kraft die Neigung, an der menschlichen Hand anzuhaften, ähnlich wie Eisen an einem Magneten. Reichenbach behauptete, daß ein Bergkristall, der auf die Hand eines sensiblen Menschen gelegt wird, augenblicklich eine unwillkürliche Kontraktion auslöst, die bewirkt, daß sich die Hand zusammenballt und den Kristall wie in einem starken Krampf umklammert. Für diese neue, spezifische Kraft schlug er die Bezeichnung Odylle, Od oder odische Kraft vor. Legt man neben einen sensiblen Menschen Kristalle, die Odylle ausströmen, fühlen sie sich nur dann wohl, wenn die entgegengesetzten Pole der gleichen Körper einander angenähert werden. Wenn gleiche Pole zusammengebracht werden, sind sehr unangenehme Gefühle die Folge, die sogar zu Krankheit führen können, wenn der betreffende Mensch ihnen lange genug ausgesetzt ist.

Reichenbach postulierte, „daß aus den menschlichen Au-

gen Magnetismus hervorströmt, der aus einem Reservoir im Kleinhirn (Cerebellum) hochkommt, wenn der Mensch seinen Blick fest auf einen bestimmten Punkt heftet." Diese Konzentration ist die Methode, mit deren Hilfe er sich mit Dingen verbindet, die jenseits seines gewöhnlichen Wissens liegen und die ihm dazu dienen, sich — durch das Medium des Kristalls — auf den Geist anderer in seiner Nähe einzustimmen.

In alten Zeiten hielt man es auch für wesentlich, daß im Körper der Person, die den Stein handhabt, infolge sexueller Enthaltsamkeit unvermengter Magnetismus konzentriert sei; wie auch die Yogi-Meister glaubte man, daß der Körper bei sexueller Aktivität Energie abgibt und so Menge und Qualität des natürlichen Magnetismus verringert werden. Da das Kristallsehen mit Hilfe der Geister erfolgte und nur denen offen war, die rein von Sünde sowie fromm, demütig und gütig waren, wählten die Eingeweihten früherer Zeiten Jungen vor der Pubertät und unschuldige, jungfräuliche Mädchen für das Hellsehen und Wahrsagen mit dem Kristall, in dem Glauben, daß sie die Fähigkeit des Sehens am schnellsten und klarsten erlernen würden. Man glaubte, daß bei Männern die Fähigkeit des Sehens nicht so leicht entwickelt werden könnte wie bei Frauen, daß sie aber bei ihnen in höchstem Maße machtvoll und frei von Fehlern sei, wenn sie erst einmal entwickelt sei. Unter den Frauen war die Gabe des Sehens bei Jungfrauen am besten ausgebildet, an nächster Stelle folgten Witwen.[2]

---

2 William Thomas Fernie, M.D., *The Occult and Curative Powers of Precious Stones*, S. 205-208. Copyright 1973 by Rudolf Steiner Publications. Nachdruck mit Genehmigung von Harper & Row Publishers, Inc.

Man war auch der Überzeugung, daß die Zusammensetzung des Blutes zum Zeitpunkt des Experimentierens mit dem Kristall von großer Bedeutung sei. Im Blut eines Menschen befinden sich durchschnittlich 38 Gramm Eisen, etwa 0,06 Gramm werden pro Tag mit der Nahrung vom Körper aufgenommen. Dieses Eisen stellt die farbgebende Substanz der roten Blutkörperchen dar. Die Anzahl der weißen (oder farblosen) Blutkörperchen, von denen in einem gesunden Körper weit weniger vorhanden sind als rote, verringert sich durch Fasten und vergrößert sich durch die Nahrungsaufnahme, was für die Seher der Vergangenheit von großem Interesse war im Hinblick auf eine längere Enthaltsamkeit von jeglicher Nahrung vor magnetischen Experimenten mit dem Kristall.[3]

Ferner glaubte man, daß Menschen mit sehr dunklen Augen oder sehr dunklen Haaren und einer dunklen Haut am magnetischsten seien, denn bei ihnen wies eine größere Eisenmenge im Blut, und zwar in Form von Eisenphosphat, gewöhnlich auf eine vorherrschende biliöse Tendenz bzw. ein solches Temperament hin. Dies führte die Seher vergangener Zeiten zu der Schlußfolgerung, daß ein gewisses chemisches Gleichgewicht zwischen dem Eisen- und Sauerstoffgehalt von Blut und Galle (und somit dem magnetischen Zustand) dafür notwendig sei, die vollkommenste Konzentrationskraft für das Hellsehen und das Wahrsagen mit dem Kristall zu entwickeln. Zur Verstärkung dieses erwünschten Zustands schlug John Melville in seinem erst-

---

3 William Thomas Fernie, M.D., *The Occult and Curative Powers of Precious Stones*, S. 205-208. Copyright 1973 by Rudolf Steiner Publications. Nachdruck mit Genehmigung von Harper & Row Publishers, Inc.

mals 1897 in London erschienenen „Manual of Crystal Gazing“ (Handbuch für das Kristallsehen) den Personen, die mit dem Kristall wahrsagen, vor, gelegentlich von den bekannten Kräutern Beifuß (Artemisia vulgaris) oder Zichorie (Cichorium intybus) in der Phase des zunehmenden Mondes einzunehmen; dies würde ihnen helfen, den günstigsten körperlichen Zustand zu erreichen. Interessanterweise reagieren beide Pflanzen in besonderem Maße auf magnetische Einflüsse. Ihre Blätter richten sich wie Kompaßnadeln unweigerlich nach Norden aus. Außerdem glaubte man, daß diese Kräuter sich wohltuend auf das Fortpflanzungssystem auswirken und somit Einfluß auf die Funktion nehmen, die am engsten mit der magnetischen Kraft verwandt ist.

Um die Steine mit Reinheit, Magnetismus und spirituellen Eigenschaften „aufzuladen“, wurden bestimmte Verfahrensweisen und Rituale angewandt. In den Büchern der alten Zeit finden sich sehr strenge Vorschriften für die zu benutzenden Formeln und Rituale, für die Tageszeiten, zu denen die Steine zum Wahrsagen benutzt werden konnten, sogar für die Art von Menschen, die den Kristall benutzen durften. So wurden Anweisungen gegeben, daß zunehmender Mond sein mußte; der Kristall mußte in einen Rahmen aus Elfenbein oder Ebenholz gefaßt sein und auf dem Tisch stehen, oder, wenn er einfach in der Hand gehalten wurde, sollte er vom Betrachter wegzeigen und so gehalten werden, daß in ihm keine Spiegelungen oder Schatten zu sehen waren. Personen mit magnetischem Temperament, d. h. des brünetten Typs mit dunklen Augen, brauner Haut und dunklen Haaren, konnten den Stein rascher (aber nicht wirksamer) aufladen als Personen mit elektrischem Temperament, wie der blonde Typ.

Ein vollständiges Ritual findet man in dem Buch „Crystal

Vision through Crystal Gazing"[4]. Bei diesem Ritual wird der Kristall in einen doppelten Schutzkreis gestellt, der ein Dreieck, ein Hexagramm und ein Pentagramm enthält, sowie ein Malteserkreuz zusammen mit dem Wort „Tetragrammaton", was der Heilige, Der Vater, bedeutet, und die Namen von vier Erzengeln, die über Sonne, Mond, Venus und Merkur regieren. Jeder Stunde des Tages und der Nacht wurden die Namen der Engel und Planeten zugeordnet, die an jedem Wochentag über diese Stunden regieren. Der Seher mußte als erstes feststellen, welche Stunde des Tages und der Woche es war, um zu bestimmen, welcher Engel zu dem Zeitpunkt anzusprechen war, oder aber er mußte bis zur richtigen Stunde warten, wenn er einen bestimmten Engel anrufen wollte.

Anschließend wurden mehrere Gebete und Anrufungen angestimmt, bestimmte Versprechen abgegeben, die Informationen nicht zu bösen Zwecken zu mißbrauchen, und nach bestimmten Ritualen mit Ringen, Büchern, Pentagrammen und Duftstoffen erschien der so angerufene Engel in der Kristallkugel. Der Engel wurde dann befragt, um seinen wahren Namen und sein wahres Amt sowie seinen wahren Charakter zu bestimmen und so sicherzugehen, daß sich nicht etwa ein falscher Geist der Sphäre des Engels bemächtigt hatte.[5]

Zu anderen Zeiten wurden Rituale als Darbietung an St. Helena abgehalten, „deren Name mit Olivenöl auf den Kri-

---

4 Frater Achad, *Crystal Vision Through Crystal Gazing* Jacksonville, FL: Yoga Publication Society, 1923).

5 Aus: *Crystal Vision Through Crystal Gazing,* von Frater Achad, S. 75, Mit freundlicher Genehmigung der Yoga Publication Society.

stall geschrieben werden mußte, unter ein auf die gleiche Weise gemaltes Kreuz, während der Seher sich gen Osten wandte. Ein ehelich geborenes, absolut reines Kind mußte dann den Stein in die Hand nehmen, und der Seher, der hinter dem Kind kniete, mußte ein Gebet an St. Helena wiederholen, daß, was immer er wünsche, im Stein sichtbar werde. Schließlich erschien die Heilige selbst in Engelsgestalt im Kristall und beantwortete alle Fragen, die man ihr stellte." Dies alles mußte genau bei Sonnenaufgang bei schönem, klaren Wetter geschehen.[6]

So sah die mystische Kunst des Wahrsagens mit Kristallen in England und Europa Anfang des siebzehnten Jahrhunderts aus. Die Kunst war allgemein so anerkannt, daß sie erklärtermaßen als ein Mittel zur Aufdeckung leichter Straftaten und Verstöße eingesetzt wurde, bis König Jakob I. — von seinen Zeitgenossen als „der weiseste Narr der ganzen Christenheit" bezeichnet — Gesetze ergehen ließ, die das Wahrsagen mit Kristallen zu einem ernsten und strafbaren Vergehen machten. Es wurde daraufhin ungebräuchlich und verschwand in den folgenden zwei Jahrhunderten fast völlig, bis es Ende des 19. Jahrhunderts als Modeerscheinung wieder in den Vordergrund trat.[7]

Die heutigen Seher haben eine pragmatischere Herangehensweise. Sie sind der Meinung, daß jeglicher Austausch

---

6 William Thomas Fernie, M.D., *The Occult and Curative Powers of Precious Stones*, S. 205-208. Copyright 1973 by Rudolf Steiner Publications. Nachdruck mit Genehmigung von Harper & Row Publishers, Inc.

7 William Thomas Fernie, M.D., *The Occult and Curative Powers of Precious Stones*, S. 205-208. Copyright 1973 by Rudolf Steiner Publications. Nachdruck mit Genehmigung von Harper & Row Publishers, Inc.

zwischen allen Bewußtseinselementen auf diesem Planeten mit Natürlichkeit ablaufen sollte und daß die Elementarwesenheiten des Mineral-, Pflanzen- und Tierreichs ihren eigenen Zwecken entsprechend aufeinander einwirken. Heute liegt stärkere Betonung darauf, daß der Gedanke der Faktor ist, der kontrolliert, welche Energien zwischen Hellseher und Kristall hin- und herströmen, sowie auf der Überzeugung, daß alle Menschen die gleichen Chancen haben, die in ihnen angelegten psychischen Fähigkeiten zu entwickeln. Während der Wunsch abgenommen hat, das Erscheinen spiritueller Wesen in der Kugel zu erzwingen, hat das Verlangen nach innerem Wachstum und einem größeren Verständnis unserer selbst zugenommen. Wissenschaft und Mystik haben sich zwar noch nicht „verbrüdert", aber immer mehr wissenschaftliche Köpfe erkennen, daß in dem Bewußtsein aller Formen mehr als meßbare Energien am Werk ist.

Zwei Arten von Kristallkugeln sind allgemein gebräuchlich. Die zum Wahrsagen beliebteste Form ist ein kugelförmiger, eiförmiger oder ellipsoider Körper, der auf einem Ständer befestigt ist. Es gibt außerdem eine weit ältere, für übersinnliche Einflüsse empfängliche Art von Kristallkugel für den mehr persönlichen Gebrauch, die nicht wirklich rund ist. Sie sieht eher unförmig und unregelmäßig als vollkommen aus. Sie ist außerdem sehr glatt und stark poliert und hat oft genau die richtige Größe und das richtige Gewicht, um bequem in der Hand zu liegen.

Diese Art von Kristallkugel für den persönlichen Gebrauch halten viele Bibelforscher für den ursprünglichen „Urim und Thurim" des alten Testaments. Man vermutet, daß der Hohepriester einen mit einem Riemen befestigten Lederbeutel unter der Zwölf-Steine-Brustplatte trug. In diesem Lederbeutel befanden sich zwei Wahrsagesteine, ein kleines poliertes Stückchen von einem klaren Quarzkristall und ein ähnliches Stück von einem rauchigen Kristall. Diese beiden Kristalle repräsentierten Tag und Nacht, schuldig und unschuldig, links und rechts, ja und nein oder andere Gegensätze, je nach dem, was in der Situation erforderlich war.

Echte Kristallkugeln sind immer äußerst selten gewesen, so daß ihr Gebrauch schon immer einigen wenigen Auserwählten vorbehalten war. Die meisten heute auf dem Markt erhältlichen „Kristall"kugeln sind aus Glas oder Plastik. Viele sind aus Bleikristall gemacht, aber auch dabei handelt es sich um synthetisch hergestelltes Glas, und keine dieser Substanzen besitzt die oszillierenden positiven und negativen Energiefelder, die man bei reinem Kristall findet. Eine echte Kristallkugel, optisch geschliffen und poliert, kostet einige tausend Mark. Ich weiß von einer Kugel mit 17 cm Durchmesser, die zu dem Zeitpunkt, als ich dieses Buch schrieb, 75.000 Mark kostete.

Eine der größten Kristallkugelsammlungen der Vereinigten Staaten befindet sich im Chicago Art Institute. Auf der Weltausstellung war 1904 eine große reine Kristallkugel von über 45 cm Durchmesser zu sehen. Sie wäre heute mehr als 600.000 Mark wert.

Kunststoffe wie Acryl, Plexiglas und andere Plastikarten werden häufig zur Herstellung von „Kristallkugeln" von erstaunlicher Qualität verwandt. Sie sind sehr leicht, und es läßt sich daher problemlos feststellen, daß sie nicht aus echtem Kristall hergestellt sind, indem man sie einfach anhebt. Bleikristall dagegen ist schwieriger von echtem Kristall zu unterscheiden. Die besten synthetisch hergestellten Bleikristallkugeln kommen aus Österreich, 12-cm-Kugeln von guter Qualität gibt es in Läden, die okkulte Literatur und Gebrauchsgegenstände verkaufen, für weniger als 250 Mark. Um Bleikristall von echtem Bergkristall zu unterscheiden, hält man es gegen das Licht und schaut nach, ob sich wie in einem Studel Strömungslinien durch das Glas ziehen, die entstanden sind, als die Kugel geformt wurde.

Bergkristallkugeln weisen keine solchen Strömungslinien auf, aber in ihnen können winzig kleine Luft- oder Wasserbläschen zu sehen sein, Mineralflecke, Federrisse oder andere Defekte, die man als „Schleier" bezeichnet. Je klarer und vollkommener der Stein ist, desto höher ist natürlich der geforderte Preis. Bei der natürlichen, unpolierten Kristallspitze gibt es allerdings Streifenlinien, die horizontal um den Stein herum verlaufen und zu sehen sind, wenn man ihn gegen das Licht hält.

Echter Bergkristall ist gewöhnlich schwerer als Bleikristall, aber wenn man nicht zum Vergleich von jeder Sorte einen hat, kann das Gewichtabschätzen per Hand täuschen, weil beide Kristallarten sich beim Hochheben recht schwer anfühlen. Das Gewicht von Bleikristall ist der Größe des Steins entsprechend standardisiert, während bei Bergkristall das Gewicht je nach Menge der im Stein eingeschlossenen mineralischen Ablagerungen schwanken kann. Zwei Bergkristalle gleicher Größe aus verschiedenen Gegenden können ein sehr unterschiedliches Gewicht haben, einer kann sich wesentlich leichter anfühlen als der andere, wenn man das Gewicht der beiden Steine per Handabwiegen vergleicht.

Wahrsagen mit Hilfe von Kristallen kann man als die Kunst bezeichnen, das normale, nach außen gerichtete Bewußtsein durch intensives Konzentrieren auf eine geschliffene Kugel einzuschränken. Wenn die fünf Sinne auf diese Weise drastisch gedämpft sind, können die psychischen Rezeptoren ohne Störung arbeiten. Warum diese Bewußtseinsveränderung mit Hilfe von Kristallen so gut funktioniert, weiß man nicht genau, aber viele Forscher sind der Überzeugung, daß zwischen bestimmten Bereichen des Gehirns und des Steins ein Energieaustausch stattfindet. Gedankenwellen sind eine Energieform, die den Radiowellen ähnlich ist. Diese Gehirnenergiewellen versetzen den Stein in Aktivität, was wiederum die ruhenden psychischen Zentren im Menschen zur Tätigkeit anregt. In gewissem Sinne wirkt der Kristall auf die psychischen Zentren wie eine filtrierende Antenne und ein verstärkender Reflektor.

Die Energie des Kristalls schwankt entsprechend seiner Größe und Form. Sie kann verändert und umgewandelt werden, was bereits eine Kunst für sich darstellt. Der Kristall ist in der Lage, die Energien des Universums anzuzapfen, unabhängig davon, wer mit ihm arbeitet, und doch kann er durch die menschliche Aura oder durch menschliche Berührung auch in seiner Wirkung abgeschwächt werden.

Der Kristall reagiert auf den Druck der Hand oder der Finger. Er erzeugt einen belebenden Strom, den das körpereigene elektrische Feld aufnehmen kann. Konzentriert man sich in der Meditation auf diese Energie, kann man einen Punkt in der Unendlichkeit erreichen, an dem man alle Dinge klar sehen kann, denn es ist unser eigener Geist, der Bilder in die Kugel projiziert, nicht der Kristall selbst. Es ist vielmehr so, daß man gewissermaßen in ihn hineinreichen und durch das dritte Auge im ätherischen Körper „einswerden“ kann mit allen Dingen.

Der Quarzkristall verbindet sich auch gut mit dem Herzzentrum, aber er reagiert am besten, wenn er in Verbindung mit geistiger Arbeit oder dem dritten Auge benutzt wird. Konzentration auf den Stein, statt auf eine bestimmte Form oder Farbe, auf einen bestimmten Gedanken oder Bereich, scheint es einem eher möglich zu machen, den Geist klar zu sammeln. Das Bewußtsein kann vollkommen leer werden, kann zu einem Schirm werden, auf dem Bilder und Gedanken klar widergespiegelt und vergrößert — oder vielleicht besser gesagt „akzentuiert", hervorgehoben — werden. Diese Leere kann man weniger deshalb erreichen, weil man abwesend ist, als vielmehr, weil der Stein etwas Ganzheitliches an sich hat.

Der Kristall kann sich tiefgehend auf das Kronenchakra auswirken. Da er in diesem Bereich sehr machtvoll ist, muß er beim Experimentieren mit diesem Zentrum mit Vorsicht benutzt werden. Die von hier ausgehenden starken Energieschwingungen könnten sich negativ auswirken, wenn man seinen persönlichen, egoistischen Willen nicht überwunden hat, denn wenn dieses Chakra geöffnet ist, muß es dem zur Verfügung stehen, was vom Höchsten Selbst, oder der Seele, kommt, während der Wille still darauf wartet, der Höheren Führung zu folgen. Spürt man so etwas wie eine Blockierung, wenn das Hohe Chakra-Zentrum auf den Widerstand des Kristalls stößt, kann das ein nicht nur körperlich schmerzhaftes Erlebnis verursachen, sondern auch zu schmerzhaften Erfahrungen in den emotionalen Beziehungen führen.

# Lernen, mit Kristallen wahrzusagen

Die folgenden Übungen zum Erlernen der Wahrsagekunst mit Hilfe des Kristalls können gleichermaßen gut mit jedem größeren reflektierenden Gegenstand gemacht werden. Dabei kann es sich um eine Bleiglas- oder Plexiglaskugel oder auch um einen klaren farbigen Edelstein handeln, aber weil dieses Buch sich mit den Eigenschaften des natürlichen Quarzkristalls befaßt, setzen wir voraus, daß Sie eine runde oder eiförmige Kristallkugel mit einer reinen, klaren Mitte und von nicht weniger als 5 cm Durchmesser besitzen. Je größer die Oberfläche ist, desto größer ist natürlich auch der Bereich, auf dem ein Bild erzeugt werden kann.

Ungezwungene Natürlichkeit ist der Schlüssel zu dieser Kunst. Man vereinigt sein Bewußtsein mit dem elementaren Bewußtsein und Zweck des Steins, der von Natur aus die Fähigkeit besitzt, zu harmonisieren und auszugleichen. Wenn man beabsichtigt, Harmonie und Gleichgewicht in sein eigenes Leben oder das Leben anderer zu bringen, steht das nicht im Widerspruch zum Zweck des Steins, und mit zunehmender Übung entwickelt sich die Gabe des Sehens auf leichte und natürliche Weise.

In den vielen Büchern und Artikeln zu diesem Thema scheint über die folgenden dreizehn Schritte allgemeine Übereinstimmung zu bestehen:

1. Man übt am besten allein und in einem schlichten Raum, denn die Konzentration ist tiefer, wenn man ohne Ablenkung durch Spiegel, Ornamente, Bilder oder grelle Farben still dasitzen kann. Die Frage, ob Tageslicht, Kerzenlicht, Mondlicht, Abenddämmerung, Morgen-

dämmerung oder geschlossene Vorhänge scheint im wesentlichen eine Frage der Vorliebe des Übenden zu sein, eine bestimmte Notwendigkeit gibt es hier nicht. Probieren Sie aus, welche Tageszeit für Sie am geeignetsten ist. Die Raumtemperatur sollte angenehm sein und das Licht hinter ihrem Rücken ins Zimmer fallen, damit es sich nicht im Kristall widerspiegelt.

2. Ob Sie es vorziehen, den Kristall in der Hand zu halten, oder ihn lieber auf einen Sockel setzen wollen, in jedem Fall sollten Sie ein schwarzes oder dunkelblaues Tuch aus Samt oder Seide zwischen Hand und Kugel (bzw. Sockel und Kugel) legen, damit Sie durch den klaren Stein nicht das verzerrte Bild von Fingern oder Sockel sehen. Legen Sie das Tuch so hin, daß jegliche Licht- oder Bilderspiegelung beseitigt wird. Durch das Tuch wird auch vermieden, daß Feuchtigkeit kondensiert, was normalerweise der Fall ist, wenn Hände in Berührung mit einer kalten Oberfläche kommen. Ein natürlicher Quarzkristall erwärmt sich jedoch schnell und paßt sich den Energien des Menschen an, der den Stein benutzt, wodurch die Kondensation verschwindet.

3. Warten Sie nach dem Essen mindestens eine Stunde, denn die Energien, die zur Verdauung benötigt werden, könnten die Energien vermindern, die zur geistigen Entwicklung eingesetzt werden. Meiden Sie natürlich alkoholische Getränke sowie Medikamente und Drogen, die die geistige Klarheit und Kontrolle dämpfen oder verändern. Ängste oder Krankheit sind dem gewünschten Ziel in jedem Fall abträglich.

4. Innerer Friede ist erforderlich. Versuchen Sie nicht, Bildervorstellungen zu projizieren, wenn Sie aus irgendeinem Grunde aus dem Gleichgewicht oder übermüdet sind. Warten Sie, bis Sie innerlich ruhig und entspannt anfangen können. Es ist wichtig, daß im Gehirn Alphawellen erzeugt werden, denn in einem tiefen meditativen Zustand läßt sich am besten kristallsehen. Wenn es so etwas wie einen sicheren Weg gibt, das Wahrsagen zu erlernen, dann lautet das Schlüsselwort „Ruhe, Geduld und Ausdauer".

5. Sie können auch auf Ihre fünf Sinne als Konzentrationshilfe zurückgreifen. Indem Sie den Kristall anschauen, benutzen Sie den Sehsinn, so daß Sie durch Ihre Umgebung weniger leicht abgelenkt werden. Sie können Weihrauch verbrennen und so Ihren Geruchssinn einsetzen oder den Kristall in der Hand halten, wodurch der Tastsinn einbezogen wird. Der Hörsinn sollte weitgehend gedämpft sein, da durch das Hören leicht Ablenkungen von außen hereinkommen. Die Einsamkeit des Zimmers selbst ist beruhigend und hilft dabei, die Meisterschaft und Kontrolle über Körper und Geist zu erlangen.

6. Beginnen Sie die Übung damit, daß Sie Ihr Bildervorstellungsvermögen aktivieren. Suchen Sie sich einen einfachen Gegenstand, wie zum Beispiel einen Silberlöffel oder einen Kugelschreiber. Halten Sie ihn in der Hand, betasten Sie ihn, sehen Sie ihn genau an, konzentrieren Sie sich ganz auf ihn, setzen Sie all Ihre Sinne ein. Achten Sie auf Farbe, Form, Größe, Beschaffenheit, Gewicht etc. Schließen Sie die Augen, und stellen Sie sich den Gegenstand vor, den Sie soeben untersucht haben.

Dann übertragen Sie dieses Vorstellungsbild auf den Kristall, versuchen Sie, es in der Kristallkugel zu sehen. Jeder Mensch hat Visionen oder geistige Bilder. Denken Sie an irgend etwas, und es erscheint vor Ihrem geistigen Auge. Forschungsergebnissen zufolge gibt es, was diese Art der Gehirntätigkeit angeht, zwei Arten von Menschen — visuelle und nicht-visuelle Typen. Über 95 % gehören zum visuellen Typ, nur 5 % gehören zur anderen Kategorie. Wenn Sie zu den 5 % gehören, müssen Sie anders an Ihre Kristallkugel herangehen. Es ist *Ihr* Gehirn, und Sie finden am besten heraus, wie Sie es am effektivsten benutzen können.

An dieser Stelle sei angemerkt, daß in der Kristallkugel in Wirklichkeit nichts zu sehen ist. Durch Konzentration auf den Kristall wird ein Fokus erzeugt, an dem Phantasie und bildhaftes Vorstellungsvermögen sich treffen und so ein Bild erzeugen, das eigentlich im Gehirn selbst ist. Die Übertragung dieses Bildes auf den Kristall funktioniert genauso wie der Sehsinn. Man sieht in Wirklichkeit im hinteren Teil des Gehirns, aber das Sehvermögen scheint das Bild nach außen zu projizieren, und wir sehen anscheinend das, was außerhalb unserer selbst ist. Wenn Sie ein nicht-visueller Typ sind, machen Sie sich bewußt, wie Ihr Gehirn arbeitet, und projizieren Sie das Ergebnis der normalen Gehirntätigkeit in den Kristall. Sie werden so das gleiche Ergebnis erzielen wie der visuelle Mensch.

Wenn Ihre Fähigkeit, sich Dinge bildhaft vorzustellen, aufgrund mangelnder Übung schwach ist, kann sie durch die Auffrischung Ihrer Erinnerungen gestärkt werden. Erinnern Sie sich an alles, was Sie heute, gestern, letzte Woche gemacht haben. Rufen Sie sich die

Situationen in allen Einzelheiten ins Gedächtnis zurück, bis Sie das Gefühl haben, den Tag oder die Episode tatsächlich vor Augen zu haben oder wiederzuerleben. Gehen Sie in Ihrer Erinnerung in die Vergangenheit zurück, zu Ereignissen in Ihrer Kindheit, zu Menschen, die Sie kannten und gern hatte. Versuchen Sie zum Beispiel, sich lebhaft an das Gesicht von Großvater oder Großmutter zu erinnern oder von jemand anderem, den Sie als Kind geliebt haben. Projizieren Sie die Bilder aus Ihrer Erinnerung in die Kristallkugel.

Fangen Sie mit dem Bekannten an, und gehen Sie dann weiter zum Unbekannten. Versuchen Sie sich vorzustellen, wie eine Sache aussehen könnte, die Sie noch nie gesehen haben: die Niagarafälle, das Innere eines Planwagens, das Alaskagebirge. Stellen Sie eine Frage, Ihr Geist wird die Antwort liefern.

7. Sehen Sie den Kristall nicht einfach nur an — schauen Sie tief in ihn hinein — was allerdings nicht heißt, hineinzustarren. Während Sie in den Kristall hineinschauen, vermeiden Sie es, mehr als notwendig mit den Augen zu blinzeln, aber versuchen Sie auch nicht, das Blinzeln krampfhaft zu unterdrücken. Die Muskeln der Augenlider werden mit zunehmender Übung gestärkt, bis man den Blick schließlich mühelos zwanzig bis dreißig Minuten ohne zu blinzeln auf den Kristall richten kann.

8. Konzentrieren Sie sich auf das, was Sie sich wünschen, mit der Erwartung, es als Bild zu sehen. Lassen Sie Ihre Augen nicht von der Kugel fortschweifen, bleiben Sie mit Ihrer Aufmerksamkeit bei dem Thema, das Sie im Kopf haben. Schauen Sie intensiv in die Tiefen des Kri-

stalls, und konzentrieren Sie sich dabei auf das, was Sie sich bildhaft vorstellen wollen. Sie werden feststellen, daß Ihr Blick unscharf wird; dann schauen Sie wahrhaft in das Herz des Kristalls, und das, was man als „klare Tiefe“ bezeichnet, erscheint.

Konzentrieren Sie sich anfangs nicht länger als fünf bis zehn Minuten auf den Kristall. Die Übungsdauer kann später allmählich ausgedehnt werden. Bei Ihren ersten Versuchen haben Sie möglicherweise nur wenig oder gar keinen Erfolg. Allerdings gibt es auch Menschen, die aussagen, bei ihren ersten Versuchen gleich vollkommene Bildvisionen gehabt zu haben. Lassen Sie sich nicht entmutigen, und betrachten Sie es auch nicht als Zeitverschwendung, wenn Sie bei den ersten Sitzungen keine Bilder sehen, selbst dann nicht, wenn Sie diese Fähigkeit nie entwickeln sollten. Diese Methode dient der geistigen Entwicklung, und allein schon die Konzentrationsübung ist die aufgewendete Zeit und Mühe wert. Konzentrationsübungen stärken den Willen, und die Willenstärkung wiederum bewirkt, daß unser Auswahlvermögen zunimmt und unser Leben reicher wird. Wie man für jede Aktivität, Sportart oder andere Fertigkeiten gewöhnlich Zeit, Geduld und Übung braucht, so auch, um die Kunst des Kristallsehens zu erlernen und sie effektiv einzusetzen. Die Zeit, die Sie aufwenden, ist all Ihre Bemühungen wert, wenn Sie Ihre Angelegenheiten allmählich in den Griff bekommen und sicher lenken.

An einem Tag sehen Sie vielleicht ganz deutliche Bilder, während Sie an einem anderen Tag völlig erfolglos sind. Das ist ganz normal für Anfänger, aber mit zunehmender Übung werden Sie auch dieses Hindernis überwinden, und eines Tages werden Sie feststellen, daß Sie vollständige Kontrolle über die geistigen Fähigkeiten haben, die mit Hilfe der Kristallkugel so wirksam sind.

*Erfolgshinweise:* Unmittelbar bevor ein Bild auftaucht, kann es sein, daß die Kugel sich trübt, so als wäre sie von einem milchig grauen Nebel erfüllt, oder es mag erscheinen, als würde sich ein Nebelschleier zwischen Ihre Augen und die Kugel schieben. Dies nennt man „Trübung"; es ist das erste Anzeichen dafür, daß Bilder hochkommen wollen. Manchmal hat es den Anschein, als würde die Trübung sich verdunkeln, bis ein schwarzer, dunkelgrauer oder tiefblauer Untergrund entstanden ist, auf dem die Bilder erscheinen. Manchmal treten kleine Lichtpünktchen auf, wie winzigkleine Sterne, die in der Kugel glitzern, oder der Kristall verschwindet abwechselnd und taucht wieder auf wie im Nebel.

Manchmal scheint der Kristall seine Farbe zu verändern, von dunkelrot über alle Farben des Regenbogens. Die Kreise und Ringe scheinen vom Mittelpunkt des Kristalls auszugehen und sich dann in konzentrischen Kreisen nach außen zu bewegen. Die Wirkung ähnelt den Ringen, die entstehen, wenn man Kieselsteine in einen ruhigen See wirft. Die Erscheinung der Trübung (oder der Farben) ist der erste Schritt hin zur tatsächlichen Bildervision und kann — muß aber nicht — mehrere Sitzungen lang anhalten. Wenn Sie diesen Punkt erreicht haben, brauchen Sie nichts als einige weitere Übungen, um Ihre Fähigkeit zu stärken.

9. Sie sollten langsam und tief atmen, während Sie in die Kugel schauen. Vorher und nachher fünf Minuten mit geschlossenen Augen zu ruhen, ist sehr hilfreich. So können Sie die Müdigkeit vermeiden, die viele mit der Kristallkugel arbeitende Hellseher erfahren. Bleiben Sie

passiv, aber wachsam, und versuchen Sie anfangs nicht, irgend etwas Bestimmtes zu sehen. Dann schreiben Sie die Frage, die Sie beantwortet haben wollen, oder den Aspekt der Zukunft, den Sie sehen möchten, auf ein Stück Papier. Drehen Sie das Blatt herum, und denken Sie nicht weiter über die Frage oder das Problem nach, sondern machen Sie passiv weiter, und warten Sie wie vorher auf das, was da kommen mag.

10. Es ist wichtig, daß Sie sich nicht zwingen, Dinge im Kristall zu sehen, während Sie auf die Antwort auf eine Frage oder die Lösung für ein Problem warten. Die inneren Bilder lassen sich nicht erzwingen, sie kommen nur, wenn Sie entspannt sind. Schauen Sie einfach unverwandt weiter in das Zentrum der Kugel, lassen Sie auftauchende Gedanken vorbeiziehen und dahinschmelzen. Es stellt sich dann die Empfindung grenzenloser Weite um Sie herum ein, das Gefühl, Sie würden in eine große Leere hineinschauen. Mit zunehmender Übung werden die Bilder klarer und leuchtender. Manchmal werden sich keine Bilder einstellen, wenn Sie in die Kugel sehen. Sie werden stattdessen in Ihrem Innern spüren, daß Sie die Antwort auf Ihre Fragen und Probleme bereits haben. Dabei handelt es sich eher um ein geistiges Wissen als um visuelle Bilder. Das Unterbewußtsein kann mit dem Bewußtsein auf vielfältige Weise kommunizieren. Sie brauchen lediglich darauf zu vertrauen und zu akzeptieren, daß die Antworten bereits in Ihnen sind.

Es gibt keine festen Regeln dafür, wie die Symbole zu deuten oder die Bilder, die man sieht, zu interpretieren sind. Oft versteht ein Mensch die jeweilige Szene vollkommen, auch wenn er vielleicht nicht in der Lage ist,zu erklären, warum. Das ist natürlich das Werk der eigenen Intuition, die die Kraft der psychischen Sinne steigert. Einige Leute berichten, daß sie im Kristall tatsächlich schriftliche Botschaften sehen.

11. Versuchen Sie, Ihre Träume in Form von Bildern in der Kugel zu sehen. Bildhaftes Vorstellen unterstützt das Gedächtnis ungemein, und schon allein aus diesem Grund ist es der Mühe wert, sich im Kristallsehen zu üben. Telepathie oder Gedankenübertragung läßt sich mit dem Kristall ausweiten. Sie können Ihre Freunde in der geistigen Welt in Gedanken darum bitten, Sie wissen zu lassen, daß sie anwesend sind, indem sie im Kristall erscheinen.

12. Ein Wort zur Vorsicht: Wenn Sie mit Ihrer Kugel üben, in die Zukunft zu sehen, erwarten Sie keine Probleme, Gefahren, Unglücke. Ihre Erwartung wird genau das hervorrufen, was Sie erwarten. Sie projizieren einfach das Ergebnis einer derzeitigen Situation oder eines gegenwärtigen Handlungsverlaufs voraus. Ihre Gefühle und Erwartungen müssen ruhig sein. Seien Sie bereit zu akzeptieren, was immer Ihnen aus dem unbewußten Informationsspeicher oder von der überbewußten Fähigkeit mystischen Wissens gegeben wird, aber projizieren Sie nicht auf irgendein bestimmtes Ergebnis hin.

    Betrachten Sie Ihren geistigen Ausflug so, als würden Sie nach dem Wetter draußen sehen. Wenn es sonnig ist, ziehen Sie sich entsprechend an, wenn es stürmisch ist, ziehen Sie sich anders an. Aber wenn Sie nach dem Wetter sehen, erwarten Sie weder Sonnenschein noch Sturm, sondern akzeptieren einfach, was ist.

13. Ein Hellseher trägt große Verantwortung und muß vorsichtig sein, wie er das, was er sieht, für seinen Klienten in Worte faßt. Wenn er in der Kristallkugel für jemanden liest, kann es sein, daß er sieht, wie sich in unmittelbarer Zukunft eine negative Situation entwickelt. Er könnte dann sagen: „Ich sehe, daß Ihnen ein Unfall bevorsteht", was das Geschehen als unumstößlich vorbestimmt erscheinen läßt und den Klienten besorgt und unruhig machen wird. Weil zu seiner Vision noch die Ängste des Klienten hinzukommen, geben vielleicht gerade seine Worte dem Gesehenen soviel Substanz, daß das Ereignis tatsächlich unvermeidbar würde.

Stattdessen könnte der Hellseher auch etwa folgendes sagen: „Seien Sie bei der Arbeit diese Woche besonders vorsichtig im Umgang mit Maschinen." Zu erhöhter Wachsamkeit aufgerufen, wird sich der Klient dann mit erhöhter Aufmerksamkeit um seine eigene Sicherheit bemühen, und da er aufgrund dieser Einstellung erwartet, seine Umgebung unter Kontrolle zu haben, wird er die möglicherweise tragischen Konsequenzen wahrscheinlich vermeiden.

Eines der besten und umfassendsten Bücher über das Wahrsagen mit Kristallen ist „The Art of Crystal Gazing" von Bevy Jaegers.[8] Sie schreibt über die Geschichte des Kristallsehens und bringt viele vollständige Übungen zur Entwicklung der Fähigkeit, mit der Kristallkugel wahrzusagen.

---

8 Bevy Jaegers, *The Art of Crystal Gazing* (Sappington, MO: Aries Productions, 1983)

Nach Jaegers lassen sich die Bilder, die Kristallseher sehen, in die folgenden sechs Kategorien unterteilen:

1. Imaginative Visionen, oft Tagträume genannt, die dem freien, ungehinderten Gedankenfluß dieser Person entstammen. Um konstruktiven Gebrauch von ihnen machen zu können, sollten Sie nur positive Gedanken denken, wenn Sie wollen, daß der Kristall die in Ihnen vorhandenen positiven, konstruktiven Energien verstärkt und ausweitet.

2. Visionen vergessener Ereignisse, die aus der Erinnerung heraufgeholt werden. Dadurch wird eine Verbindung zwischen dem bewußten und dem unbewußten Geist hergestellt. Diese Art der bildhaften Vorstellung verbessert die Erinnerungsgabe und stärkt die Geisteskräfte. Man kann die Kugel zur Entwicklung seines Erinnerungsvermögens einsetzen, indem man sich still davorsetzt und in die Tiefen des Kristalls schaut. Viele Details, an die man sich sonst nicht erinnern kann, nehmen im Kristall deutliche Form an. Nehmen Sie die Kristallkugel zur Hilfe, wenn Sie etwas verlegt haben oder wenn Sie sich an Tatsachen oder Informationen erinnern wollen, die Sie anscheinend vergessen haben.

3. Visionen vergangener Geschehnisse, die dem in die Kugel Schauenden nicht bekannt zu sein scheinen. Dabei handelt es sich gewöhnlich um Vorfälle, die ihm tatsächlich passiert sind, die aber zu dem Zeitpunkt so unbedeutend für ihn waren, daß er sie ignoriert oder nicht beachtet hat, die aber dann später aus dem unterbewußten Erinnerungsspeicher wieder hervorgeholt wurden, als

sie vielleicht durch das Erinnern größere Bedeutung bekamen.

4. Visionen gegenwärtiger Ereignisse, die dem Schauenden bekannt sind. Eine wichtige Übung zur Benutzung des Kristalls ist, einen Freund oder eine Freundin zu bitten, das Vorstellungsbild von einem bekannten Gegenstand, wie zum Beispiel einer Spielkarte oder einer Tarotkarte, in seinen bzw. ihren Kristall zu projizieren, so daß Sie die gleiche Vision in Ihrem eigenen Kristall aufgreifen können. Es ist noch effektiver, wenn die Vision, die übertragen wird, sich mit einem Gefühl verbindet.

5. Visionen gegenwärtiger Ereignisse, die dem Schauenden nicht bekannt sind. Dabei handelt es sich um wahre Telepathie oder Gedankenübertragung. Einige Leute glauben, daß diese Botschaften von Geistern kommen, aber es könnten ebensogut Dinge sein, die Menschen in unmittelbarer Nähe oder auch weit weg passieren. Die empfangene Botschaft könnte zu diesem Zweck beabsichtigt gewesen sein, wie bei einem vorbereiteten Experiment, oder unbewußter Natur sein durch eine emotionale Verbindung zwischen Sender und Empfänger.

6. Visionen zukünftiger Ereignisse und Vorhersagen für die Zukunft. Oft tauchen in diesen Visionen sehr viele Symbole auf, oder sie sind stellenweise nur sehr verschwommen zu sehen, so daß das ganze keinen Sinn zu ergeben scheint, bis das Ereignis tatsächlich eintritt. Dann kommt die Vision wieder hoch, die man einige Wochen vorher im Kristall gesehen hatte. Mit beständiger Übung entwickeln sich die geistigen Kräfte, und bald

ist man in der Lage, zukünftige Ereignisse genau zu sehen.

Sich die Zeit zu nehmen, die Visionen in diese sechs Kategorien einzuordnen, sagt Bevy Jäeger, dient einem als Leitfaden, anhand dessen man seinen eigenen Entwicklungsgang von phantastischen Tagträumen zu genauer Vorhersage der Zukunft verfolgen kann.[9]

Die meisten Menschen besitzen zu einem gewissen Grad hellseherische Kräfte. Es ist lediglich Konzentration, Übung, Zeit und ein fester Entschluß erforderlich, um diese Kräfte weiterzuentwickeln und zu vervollkommnen. Wenn Sie sich Ihrer Hellsichtigkeit bereits bewußt sind, können Sie wunderbare Ergebnisse erzielen. Wir alle können viel über den wahren Wert und Einfluß des Kristalls lernen, wenn wir ihn und seine Kraft mit Verstand nutzen.

Die Energiewirkungen des Kristalls beruhen auf soliden physikalischen Gesetzen. Es funktioniert auch, ohne daß man daran glaubt. Da beim Kristallsehen mit geistigen Kräften gearbeitet wird, kann es jedoch sein, daß es sich abschwächend oder blockierend auswirkt, wenn man nicht daran glaubt. Glaube oder Vertrauen ebnen den Weg dahin, wirksamer mit dem Kristall zu arbeiten. Glaube, Passivität, Geduld, kontinuierliches Lernen und Üben dürften den Kristallseher entsprechend der in ihm schlummernden Kräfte belohnen.

Schreiben Sie sich immer auf, was Sie sehen, denn wie ein

---

9 *The Art of Crystal Gazing*, von Bevy Jaegers. Erschienen bei Aries Productions, Sappington, MO, 1983, S. 4-6. Nachgedruckt mit Erlaubnis der Autorin.

Traum verblaßt auch die im Kristall gesehene Vision sehr leicht. Das Aufschreiben hinterläßt nicht nur im Unterbewußten den Eindruck, daß Sie wirklich den ernsthaften Wunsch haben, das Kristallsehen zu erlernen, sondern Sie haben dann auch etwas, auf das Sie zurückgreifen können, wenn sich tatsächlich herausstellt, daß die Vision in der Kristallkugel eine Zukunftsprophezeiung war.

Halten Sie Ihre persönlichen Erfahrungen im Experimentieren mit der Kristallkugel in Ihrem Tagebuch als Ihre spirituelle Reise in die tieferen Regionen von Geist und Herz fest.

Kapitel III

# Den Kristall-Pendel richtig „einstellen"

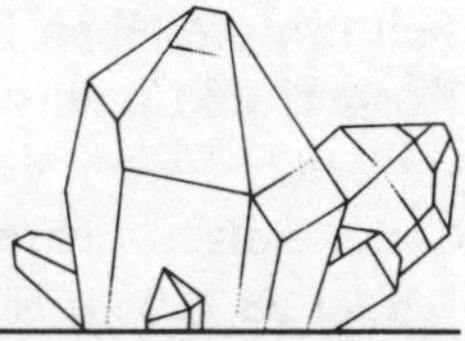

Der Gebrauch des Pendels ist eine der ältesten Wahrsagemethoden. Mit Hilfe eines an einer Kette oder einem Stück Schnur hängenden Objekts kann man mit dieser Methode Informationen vom Inneren Selbst erhalten. Ein Pendel kann aus den verschiedensten Materialien bestehen, solange sie einigermaßen schwer sind, aber am allerbesten reagiert Bergkristall.

Suchen Sie sich einen Quarzkristall aus, von dem Sie das Gefühl haben, daß er zu Ihren eigenen Schwingungen paßt. Er braucht nicht vollkommen klar zu sein. Für ein Pendel ziehen sogar viele Leute gerade einen Stein vor, der teilweise milchig aussieht oder Risse oder andere Brechungen hat, die dem Stein „Charakter" verleihen. Was das Gewicht betrifft, kann man jede Steingröße nehmen, aber gewöhnlich werden die kleinen Kristalle bevorzugt, weil sie freier schwingen als die größeren Steine.

Wenn Sie sich für einen Kristall entschieden haben, kleben Sie eine glockenförmige Kappe auf das der Spitze gegenüberliegende Ende, und befestigen Sie daran eine Kette oder eine Schnur. Oder aber Sie ziehen eine feste Schlaufe um das eine Ende, und knüpfen Sie daran ein Stück Kette oder Schnur, so daß der Kristall frei herunterhängt. Es ist am besten, wenn der Kristall ausbalanciert ist und die Spitze gerade nach unten zeigt. Das Pendel schwingt durch Muskelbewegungen, die durch das parasympathische Nervensystem des Unterbewußtseins gesteuert werden. Dabei handelt es sich um dieselben Muskeln, die auch die unwillkürlichen Körperfunktionen wie Verdauung, Atmung und Herzschlag steuern.

Bei einigen Lehrern lernen die Schüler, dem Pendel den Befehl zu geben, sich ihrer bewußten Anweisung entsprechend zu bewegen: vor und zurück für „ja", im Kreis für „nein", etc. Wir haben dagegen bei unseren Forschungen festgestellt, daß mehr Menschen mit dem Pendel Erfolg haben, wenn eine Zusammenarbeit mit dem Unterbewußtsein eher erbeten als befohlen wird. Die Wirkung mag größtenteils psychologischer Natur sein, aber über Ergebnisse läßt sich nicht streiten. Wenn ein Unterbewußtsein von einem sehr starken Willen beherrscht wird, ist es gelegentlich erforderlich, die Anweisung zu geben, daß die Bewegung in eine vorgeschriebene Richtung erfolgen soll, aber für die meisten Menschen gilt die folgende Vorgehensweise, um das Pendel darauf einzustellen, auf die Anweisung der pendelnden Person zu reagieren:

1. Ausgehend von der Annahme, daß im unterbewußten Bereich des Gehirns Erinnerungen an frühere Erfahrungen gespeichert sind, und daß unser Verhalten größtenteils vor dem Hintergrund dieser Erfahrungen erlerntes

Verhalten ist, geht es als erstes darum, bewußt zu erleben, wie sich ein Pendel bewegt. Halten Sie die Kette des Pendels in einer angenehmen Entfernung vom Stein, vermutlich etwa acht bis zehn Zentimeter, zwischen Daumen und Zeigefinger, der Ellenbogen ruht dabei auf der Armlehne oder auf dem Tisch. Lassen Sie das Pendel bewußt zuerst hin- und herschwingen.

2. Halten Sie das Pendel mit der anderen Hand an, und schwingen Sie es dann bewußt in der entgegengesetzten Richtung hin und her. Bewegen Sie es anschließend im Uhrzeigersinn im Kreis, danach entgegen dem Uhrzeigersinn, und halten Sie das Pendel jeweils zwischendurch mit Ihrer freien Hand an, so daß es sich eindeutig um getrennte Bewegungen handelt. Es ist dabei nicht von Bedeutung, in welcher Reihenfolge die verschiedenen Pendelbewegungen ausgeführt werden, sondern es kommt nur darauf an, alle vier Bewegungen bewußt einzuführen, damit sie im Unterbewußtsein gespeichert werden können.

3. Wenn das Unterbewußtsein dann aufmerksam gemacht worden ist und weiß, worum es geht, können Sie ihm die folgende Frage stellen: „In welche Richtung wirst du schwingen, um meine Frage mit ‚ja' zu beantworten?" Warten Sie dann auf eine der vier Pendelbewegungen, die Sie Ihrem Unterbewußtsein gezeigt haben.

4. Wenn die Bewegung erfolgt ist, stellen Sie nacheinander die folgenden Fragen: „In welche Richtung wirst du schwingen, um meine Frage mit ‚nein' zu beantworten?" „In welche Richtung wirst du schwingen, um mit ‚Ich

weiß es nicht‘ zu antworten?“ und „In welche Richtung wirst du schwingen, um ‚Ich will es nicht sagen‘ zu antworten?“. Warten Sie immer, bis eine starke Pendelbewegungen erfolgt ist. Unterbrechen Sie dann die Antwortbewegung der vorherigen Frage entweder mit einem Befehl oder mit der freien Hand, bevor Sie zur nächsten Frage weitergehen.

Auf diese Weise ist das Unterbewußtsein aktiv daran beteiligt, die Antworten, um die Sie bitten, auszusuchen, anstatt lediglich zu gehorchen, wenn ihm „befohlen“ wird, als Antwort in diese oder jene Richtung zu schwingen. Die Pendelbewegung wird immer gleich bleiben, und sollten Sie einmal vergessen, welche Bewegung was bedeutet, fragen Sie einfach wieder nach. Das Pendel wird gern antworten. Es spielt dabei keine Rolle, ob Sie das Pendel laut oder im Geiste befragen.

Das Pendel ist eine unschätzbare Hilfe, wenn es darum geht, nach im Unterbewußtsein verborgenen Motiven, unbekannter Konditionierung oder unbekannten Verhaltensmustern zu suchen, aber das ist eine komplizierte Angelegenheit, die in einem Buch für sich behandelt werden sollte. Das Pendel gibt den tieferliegenden Bewußtseinsbereichen, die wir normalerweise nicht hören, die Gelegenheit, in Kommunikation mit der äußeren, oder bewußten, Seite unseres Geistes zu treten.

Da das Pendel es auch anderen Bewußtseinsbereichen erlaubt, zu reagieren, erhalten die Antworten „Ich weiß es nicht“ und „Ich will es nicht sagen“ sehr große Bedeutung. „Ich weiß es nicht“ bedeutet, daß die Antwort auf die Frage möglicherweise in einem anderen Bereich des Bewußtseins oder sogar im Überbewußtsein zu suchen ist. In diesem Fall können Sie Ihr Unterbewußtsein bitten, sich in den Bereich Ihres Bewußtseins oder selbst in den Bereich der Gott-Intelligenz zu begeben, in dem die Antwort zu finden ist, und sie Ihnen zu bringen. Sie können aber auch selbst höherstreben und dieselben Fragen Ihrem eigenen Unterbewußtsein stellen. Ihr Verlangen ist die Motivation, die dafür sorgt, daß die richtige Antwort aus dem entsprechenden Bewußtseinsbereich zu Ihnen kommt.

Die Antwort „Ich will es nicht sagen" bedeutet, daß Sie einen bewußt oder absichtlich verborgenen traumatischen Bereich berührt haben, vielleicht irgendeine schmerzhafte Erinnerung, ein tief verdrängtes Ereignis, an das Sie ausdrücklich nicht mehr denken wollen. Dann ist psychologisches Sondieren erforderlich, um die Fragen ausfindig zu machen, die die gewünschte Information ans Licht bringen werden.

In diesem Zusammenhang hat es sich als nützlich erwiesen, in der einen Hand einen Kristall zu halten und mit der anderen wie gewohnt zu pendeln. Leute, die diese Technik benutzen, haben berichtet, daß sich die Kraft des Pendels dadurch etwa verzehnfacht.

Es gibt eine Reihe verschiedener Möglichkeiten, das Pendel zu benutzen, um Informationen zu erhalten. Fangen Sie mit den folgenden Übungen an, um Ihr Pendel einzustellen und sich damit vertraut zu machen, wie es in Ihrem Fall funktioniert. Wenn Sie irgendwann einmal unter großem Druck nach einer Antwort suchen, wird sich die Praxis, die Sie sich mit diesen oder anderen Übungen erworben haben, bezahlt machen.

# Männlich oder Weiblich?

1. Das Pendel kann auch sehr grundlegende Auskünfte geben, wie zum Beispiel über das Geschlecht eines ungeborenen Kindes oder noch nicht geschlüpfter Küken. Halten Sie das Pendel zuerst einmal über den Kopf oder die Hand eines Mannes bzw. einer Frau. Bei einer Frau wird es im Kreis schwingen, bei einem Mann in einer geraden Linie, aber lassen Sie Ihr Pendel seine eigene Bewegungsform wählen. Gelegentlich stößt man auf Pendel, die genau entgegengesetzt schwingen wollen. Wie immer Ihr Pendel sich entscheidet, die Antwort für männlich und weiblich bleibt dann immer gleich, egal in welchem Zusammenhang.[1] Durch Experimentieren mit den folgenden beiden Übungen können Sie in diesem Punkt mehr Sicherheit gewinnen.

2. Legen Sie eine Reihe von Gegenständen auf einen Tisch. Halten Sie das Pendel nacheinander über jeden Gegenstand. Wenn er einer Frau gehört, wird es im Kreis

[1] Es gibt ein sonderbares, aber seltenes Phänomen, das anscheinend im Widerspruch zu den beschriebenen männlichen / weiblichen Pendelbewegungen steht. Es kann zum Beispiel passieren, daß Sie das Pendel über den Kopf oder die Hand eines Mannes halten und die weibliche Pendelbewegung erfolgt, oder umgekehrt eine männliche Pendelbewegung über einer Frau. Das könnte darauf hinweisen, daß in dem männlichen Körper eine in hohem Maße weibliche Seele lebt und umgekehrt. Wenn dem so ist, könnten weitere Fragen, die sich mit „ja“ oder „nein“ beantworten lassen, interessante Neuigkeiten ans Licht bringen. Dies ist ein weiterer Bereich, in dem umfassende Forschungsarbeit notwendig ist.

schwingen, gehört der Gegenstand einem Mann, wird das Pendel in einer geraden Linie schwingen (bzw. in der Richtung, die *Ihr* Pendel für männlich oder weiblich ausgewählt hat). Sie können die Aufgabe erschweren, indem Sie die Sachen zum Beispiel in Umschläge stecken, so daß sie nicht zu sehen sind und Sie die Bewegung des Pendels nicht unbewußt beeinflussen können.

3. Suchen Sie sich sechs Fotos, drei von Frauen, drei von Männern. Mischen Sie die Fotos, und legen Sie sie mit dem Gesicht nach unten auf den Tisch. Stellen Sie dann mit Hilfe des Pendels fest, auf welchen die Männer und auf welchen die Frauen sind. Mischen Sie die Fotos erneut, und versuchen Sie es noch einmal.

## Detektivspiele mit dem Pendel

Die folgenden Übungen zeigen, wie genau das Unterbewußtsein sein kann. Wenn man zuerst übt, mit den Kräften des Unterbewußtseins umzugehen, kommt man später dazu, ebenso sicher mit dem Überbewußtsein zu arbeiten.

1. Suchen Sie aus einem Kartenspiel fünf Karten aus der Zahlenreihe 8, 9 und 10 aus. Vier davon sollten schwarz und eine rot sein, oder umgekehrt. Mischen Sie die Karten, oder lassen Sie sie von jemand anderem mischen, und legen Sie sie dann mit dem Bild nach unten auf den Tisch. Halten Sie das Pendel nacheinander über jede

Karte, mit der Fragestellung, die rote bzw. schwarze Einzelkarte zu finden und über ihr in der Ja-Bewegung zu pendeln.

Üben Sie solange, bis Sie jedes Mal die Einzelkarte richtig herausfinden. Dann erhöhen Sie die Anzahl auf sieben Karten, mit fünf schwarzen und zwei roten oder fünf roten und zwei schwarzen. Wenn Sie es meisterhaft beherrschen, die zwei Karten zu finden, erhöhen Sie die Anzahl der Karten wiederum, bis Sie schließlich mit einem ganzen Spiel auf einmal arbeiten und zum Beispiel nur die roten Karten ausfindig machen. Mischen sie wieder, und versuchen Sie diesmal auf die gleiche Weise, nur die schwarzen Karten zu finden. Hieran zeigt sich, wie wichtig die jeweilige „Absicht" ist, wenn man mit den Energien des Kristalls arbeitet, denn das Pendel findet die schwarzen oder roten Karten gleichermaßen mühelos, je nach Absicht oder Wunsch des Pendelnden. Ihr Wille und Ihr Denken sind die wichtigsten Instrumente, die Sie zur Beeinflussung Ihrer Umwelt haben.

2. Besorgen Sie sich drei gleiche undurchsichtige Behälter. Füllen Sie einen mit Wasser oder mit irgend etwas anderem, die beiden anderen bleiben leer. Machen Sie einen Deckel auf die Behälter, oder decken Sie sie ab, und lassen Sie sie dann von jemandem mischen. Nacheinander wird das Pendel über jeden der Behälter gehalten, mit der Anweisung, über dem, der das Wasser enthält, „ja" zu pendeln.

3. Legen Sie unter eine von drei oder vier umgedrehten Teetassen einen Gegenstand aus Metall, wie zum Beispiel einen Ring, eine Armbanduhr oder eine Münze. Finden

Sie nach dem Mischen der Tassen den verdeckten Gegenstand.

4. Schreiben Sie 35 bis 50 alltägliche Worte mit der Hand oder der Schreibmaschine auf etwa 7 x 10 cm große Kärtchen, ein Wort pro Karte. Nehmen Sie allgemein bekannte Wörter mit jeweils acht bis zehn Buchstaben, und bauen Sie in etwa die Hälfte einen Rechtschreibfehler ein. Schieben Sie die Karten zusammen, und legen Sie den Stapel ans Ende des Tisches, die beschriebene Seite nach unten. Legen Sie die Karten dann einzeln vor sich hin, mit der Schrift nach unten, und bitten Sie das Pendel, mit „ja“ oder „nein“ anzuzeigen, ob das vor Ihnen liegende Wort falsch geschrieben ist.

## Gut oder schlecht?

Vegetarier und Menschen, die sich gesund ernähren wollen, überprüfen mit Hilfe des Pendels, ob bestimmte Nahrungsmittel Pestizide oder Zusatzstoffe enthalten. Juweliere, Kunst- und Münzensammler und -händler machen mit Hilfe dieses Systems Falschgeld, unechten Schmuck, gefälschte Münzen oder Kunstwerke aus. Mit den folgenden Übungen können Sie Ihr Pendel auf diese Art von Informationen einstellen:

1. Lassen Sie das Pendel entscheiden, ob es bei „gut“ im Kreis und bei „schlecht“ in gerader Linie schwingen

wird oder ob es mit „ja“ und „nein“ auf „gut“ und „schlecht‘ reagieren will (d. h. „ja“ bei gut und „nein“ bei schlecht). Die Anweisungen an das Pendel sollten in jedem Fall klar und deutlich sein, damit auch seine Antworten gleichermaßen klar sind, sobald Sie das Kommunikationssystem festgelegt haben.

2. Legen Sie drei bis fünf Gegenstände nebeneinander, von denen einer „schlecht“ ist. Zum Beispiel mehrere kleine Batterien, von denen eine verbraucht ist; einige elektrische Sicherungen, von denen eine durchgebrannt ist; eine Reihe von Glühbirnen, von denen eine nicht brennt; Taschenspiegel mit dem Gesicht nach unten, von denen einer kaputt ist; oder streuen Sie in eine von vier oder fünf Tassen mit Wasser etwas Salz.

   Lassen Sie dann vom Pendel sagen, welche der Gegenstände „schlecht“ sind.

## Verlorene Sachen oder Personen wiederfinden

Sicher haben Sie sich auch schon oft gewünscht, es gäbe eine einfachere Möglichkeit, etwas wiederzufinden, wonach Sie schon sehr lange erfolglos gesucht haben. Hier ist eine Möglichkeit, unmittelbar das Unterbewußtsein anzuzapfen, das niemals vergißt, wo Sie etwas hingelegt haben. Einige mit psychischen Kräften arbeitende Detektive benutzen außerdem die Pendelmethode, um in Zusammenarbeit mit der örtlichen Polizei vermißte Personen wiederaufzufinden.

1. Halten Sie das Pendel in der Nähe der Stelle über eine Straßenkarte, wo die vermißte Person oder der vermißte Gegenstand sich Ihrem Gefühl nach befinden könnte. Fragen Sie das Pendel, ob Sie Recht haben oder nicht. Wenn die Antwort „ja" ist, bewegen Sie das Pendel zu einem der Kompaßpunkte auf der Karte. Bitten Sie es, in Richtung auf den vermißten Gegenstand oder die vermißte Person zu schwingen. Ziehen Sie dann eine gerade Linie genau in Richtung der Pendelbewegung.

   Bewegen Sie das Pendel daraufhin zu einem weiteren Kompaßpunkt, und wiederholen Sie die Bitte. Wenn Sie bei allen vier Kompaßpunkten waren, müßten auf der Karte vier gerade Linien zu sehen sein, die alle in einem bestimmten Punkt zusammenlaufen. Dort, wo die Linien sich treffen, ist das von Ihnen gesuchte Ziel, sei es eine vermißte Person oder ein abhanden gekommener Gegenstand.

   Sie können diese Übung mit immer detaillierteren Karten des von Ihnen eingegrenzten Gebietes machen, bis Sie das, was Sie suchen, genau lokalisiert haben.

2. Wenn das Pendel darauf hinweist, daß der verlorene Gegenstand sich noch bei Ihnen im Haus befindet, stellen Sie dem Pendel Ja / Nein-Fragen, um als erstes herauszufinden, in welchem Zimmer der vermißte Gegenstand zu suchen ist. Fertigen Sie dann eine Skizze an, in der genau alle Schränke, Regale, Schubladen etc. verzeichnet sind. Anschließend können Sie das Pendel genauso wie bei der vorherigen Übung dazu benutzen, exakt den Ort zu bestimmen, an dem der vermißte Gegenstand zu finden ist.

Anfangs kommt es Ihnen vielleicht so vor, daß das Pendel sehr langsam reagiert, aber je öfter Sie damit arbeiten, desto genauer werden Sie. Wie bei allen anderen Fertigkeiten auch, ist Übung das Schlüsselwort. Halten Sie Ihre Fortschritte in der Benutzung des Pendels schriftlich fest. Wenn Sie sowohl die Erfolge als auch die Fehlschläge vermerken, werden Sie bald feststellen, daß die Erfolge die Fehlschläge weit übertreffen. Mit wachsendem Selbstvertrauen werden auch Ihre Erfolge entsprechend zunehmen.

Kapitel IV

# Heilen mit Kristallen

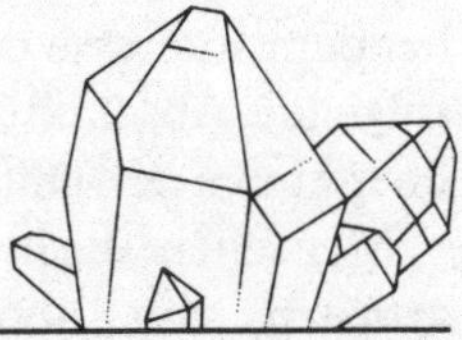

Die piezoelektrischen Eigenschaften des Kristalls können Energie verstärken, konzentrieren, speichern, übertragen und umwandeln. In früheren Zeiten, als man davon überzeugt war, daß alle Dinge bewußte Teile eines größeren lebendigen Bewußtseins sind, glaubte man, daß Quarzkristall unser Bewußtsein mit dem himmlischen Körper und dem der Hierarchien der Engelwesen in Gleichklang bringen würde. Althergebrachter Überzeugung nach, war natürlicher Quarzkristall dazu in der Lage, die menschlichen Energien (Gedanken, Gefühle und Bewußtsein) auf die Energien des Universums abzustimmen und mit ihnen in Einklang zu bringen sowie diese umfassenderen Energien dem Menschen zugänglich zu machen. Die heutigen Forscher, die mit Hilfe von Kristallen heilende Energien verstärken, um menschliche Leiden zu lindern, drücken sich zwar anders aus, aber hinter diesen anderen Worten steht das gleiche innere Konzept.

In dieser Untersuchung werden keinerlei Behauptungen

aufgestellt, was die Wirksamkeit der vermittelten und praktizierten Heilmethoden mittels Quarzkristall betrifft. Es wird auch niemandem empfohlen, seinen Arzt aufzugeben und sich nurmehr auf das Heilen mit Kristallen zu verlassen. Betrachten Sie es vielmehr als Zusatz zu der ärztlichen Behandlung und Beratung, die Sie bereits bekommen. In diesem Gesundheits- und Heilbereich wird derzeit mit tiefgehendem Interesse experimentiert und geforscht. Der nachfolgende Abschnitt ist im wesentlichen ein kurzer Bericht über einige der Dinge, die dabei entdeckt werden.

Menschen, die in der Praxis mit Farb- und Klangtherapie arbeiten, mit homöopathischen Mitteln, Kinesiologie, Negativ-Ionenerzeugern, magnetischer und chiropraktischer Therapie, Massage, Polaritätstherapie und Rolfing, haben in jüngster Zeit in inoffiziellem Rahmen über gute Erfolge in der Arbeit mit Kristallen berichtet. Es wäre von Vorteil, eine zentrale Kontrollstelle zu haben, wo alle berichteten oder dokumentierten Informationen auf diesem Gebiet, einschließlich Fallberichten, Forschungsarbeiten und weiteren neu entdeckten Anwendungsmöglichkeiten, die von anderen getestet werden könnten, zusammenlaufen. Sie könnte viel dazu beitragen, derzeitige Theorien zu erhärten oder zu widerlegen.

## Seinen eigenen Kristall auswählen

Bei den heilenden Eigenschaften des Kristalls scheint es sich im wesentlichen um eine Verstärkung der Energien des Menschen zu handeln, der mit dem Stein arbeitet. Wer es auch sein mag, seine Fähigkeiten werden verstärkt, wobei der Stein sich der jeweiligen Person anpaßt. Er kann bei fast jeder Art von Krankheit eingesetzt werden, ersetzt aber natürlich nicht den Arzt, wo es zum Beispiel darum geht, einen gebrochenen Knochen zu richten. Kristalle können sich aber als hilfreich dabei erweisen, einen Schock zu mildern, die Schmerzen nach einer Verletzung zu lindern sowie unmittelbar zur Regenerierung angegriffenen Gewebes beizutragen.

Zur Heilung erkrankter Organe oder erkrankten Gewebes wird der Kristall meistens in dem gestörten Energiebereich, der gewöhnlich durch Schmerzen oder Spannungen gekennzeichnet ist, an den Körper gehalten, und zusammen mit dem Energiefeld wird dann auch das erkrankte Gewebe wieder in einen Zustand der Harmonie versetzt. Es gibt keine festen Regeln dafür, in welcher Entfernung vom Körper der Kristall zu halten ist oder in welche Richtung er zeigen sollte. Der Patient selbst muß verschiedene Entfernungen und Ausrichtungen ausprobieren, bis er eine entsprechende Reaktion verspürt. Das kann sich äußern als heiß oder kalt, eine Verminderung der Schmerzen oder des Unbehagens, ein flatterndes oder pochendes Gefühl in dem betroffenen Bereich oder auch einfach als Wohlbefinden. Wie so oft, kann man sich auch hier daran orientieren, was „sich rein anfühlt".

Jeder Heiler entwickelt mit der Zeit seine eigenen Techniken, es gibt unzählig viele Kombinations- und Variations-

möglichkeiten. Die mit den verschiedenen Heiltechniken erzielten Resultate sind oft subjektiv, und auch wenn Techniken bei einigen Leuten wirken, können sie bei anderen ganz wirkungslos sein. Die Gesetze des Karmas müssen zudem ebenfalls berücksichtigt werden. Jedes Bemühen um Heilung wird erfolglos bleiben, wenn diesen Gesetzen nicht genüge getan worden ist. Der Heilungsprozeß kann auch dadurch blockiert sein, daß der Betroffene die Krankheit aus emotionalen Gründen braucht. Wenn der Patient nur durch seine Krankheit Aufmerksamkeit, Liebe und Zuwendung von seiner Umgebung bekommt, wird er weiterhin krank bleiben, ganz gleich wie groß unser aufrichtiges Bemühen um Heilung auch sein wird.

Die heilenden Kräfte, die den Heiler durchströmen, werden verstärkt, wenn er in jeder Hand einen Kristall hält. Für viele Menschen, die mit dem Kristall arbeiten, ist die Pyramide mit sechs fast gleichen Seiten die Form, die sich am besten zum Heilen eignet. Dabei sollte die Spitze zur Handinnenfläche weisen und die flache Unterseite nach außen bzw. unten.

Pyramiden mit fast gleichen Seiten haben ganz besondere Eigenschaften. Sie konzentrieren und verstärken Energie sowohl durch die Pyramidenform als auch durch die Molekularstruktur des Kristalls. Bei der Pyramide wird durch die Spitze Energie konzentriert. Das spiralförmige Wachstum von Quarz bewirkt, daß die Energie auch spiralförmig herausfließt. Wo diese beiden Eigenschaften kombiniert sind, d. h. bei der Pyramide, fließt Energie in einer engen Spirale von der Spitze aus, und dieser Strahl läßt sich leicht lenken.

Dabei können Ergebnisse unmittelbar spürbar sein, oder auch nicht. Vergessen Sie nicht, die Steine symbolisieren Geduld und Ausdauer. Sie müssen mit Ihrem Kristall experimentieren, um herauszufinden, auf welche Weise Sie mit ihm am besten arbeiten können.

Für jeden Kristall existiert, entsprechend seiner Größe und Form, ein bestimmter Ton, mit dem er in Einklang gebracht werden kann. Wenn bei einer Heilsitzung zusammen mit den Kristallen Tonklänge eingesetzt werden, kann dies bewirken, daß Energiewellen in speziell gelenkter Richtung in Schwingung versetzt werden. Dem Klienten bringt die praktische Ausübung dieser Kunst nicht nur heilende Kräfte, sondern quasi als Nebeneffekt stellen sich auch positive emotionale Auswirkungen ein.

Einige Leute sind der Überzeugung, daß nur ein geschenkter Kristall zu Heilzwecken benutzt werden sollte. Einen Kristall verschenken, bedeutet Liebe verschenken, und mit diesen ganz besonderen Schwingungen spiritueller Liebe kann erfolgreicher geheilt werden, so argumentieren sie. Wo diese Liebesgabe fehlt, kann man jedoch auch seine eigenen Schwingungen der Liebe dazugeben. Bereits der ernsthafte Wunsch, Mittler heilender Kräfte zu sein, ist in sich eine Schwingung der Liebe. Wenn Sie sich bereit dazu fühlen und gerne einen Kristall benutzen wollen, sollten Sie sich auf jeden Fall einen kaufen. Nehmen Sie sich die Zeit, ihn sorgfältig auszusuchen. Berühren und betasten Sie viele verschiedene Kristalle, bis Sie den einen gefunden haben, der speziell auf Sie reagiert — oder auf den Sie besonders zu reagieren scheinen.

Es macht viel Spaß, sich einen Kristall selbst zu suchen, aber leider ist das für die meisten Leute nicht einfach. Es gibt zwar kaum eine Gegend auf der Erde, wo man nicht irgend eine Art von Kristallen finden kann, aber wirklich gute Sammelgegenden sind eher selten. Und dennoch, Sie werden vielleicht überrascht sein, was es auch in Ihrer Nähe für

Möglichkeiten gibt. Erkundigen Sie sich beim örtlichen Museum, bei einer geologischen Gesellschaft oder beim Fachbereich für Geologie an einer nahegelegenen Universität. Suchen Sie in den Gelben Seiten nach Gesteinssammlervereinen, Mineralhändlern und Gesteinsläden, die gute Fundstellen kennen bzw. Zugang zu ihnen haben. Oft kann man auch in der Bücherei oder in der Buchhandlung entsprechende Führer für den Sammler finden, die Auskunft über verschiedene Fundstellen geben. Wenn Sie in der Nähe einer Mine oder eines Steinbruchs leben, haben Sie ausgezeichnete Möglichkeiten, auf den Gesteinshalden nach Kristallen zu suchen.

Es erscheint Ihnen vielleicht verlockend, sich von jemandem, der angeblich mehr über Kristalle „weiß" als Sie, einen Stein aussuchen zu lassen, aber damit nehmen Sie sich eine Chance, Ihr Bewußtsein zu erweitern und Ihre Intuition zu stärken.

Größe und Form des Kristalls, den Sie für sich persönlich auswählen, sollten davon abhängen, wie er sich „anfühlt", wenn Sie ihn in der Hand halten. Es braucht keine einzelne Spitze zu sein, sondern kann auch ein Kristall mit doppelter Spitze, oder selbst eine interessante kleine Stufe sein. Eine dieser Zwillingssteinarten sieht aus wie zwei an ein und derselben Stelle gewachsene Kristalle mit zwei Spitzen von unterschiedlicher Größe. Diese Art von Zwillingsstein bezeichnet man als rechten Kristall, im Unterschied zum normalen linken Kristall. Die tetraedisch geformten Quarzmoleküle haben die Neigung, sich spiralförmig anzuordnen. Beim linken Kristall drehen sich die Spiralen nach links, während sie sich beim rechten Kristall sowohl nach rechts als auch nach links drehen. Es gibt keine Quarzkristalle, in denen sich die Spiralen nur nach rechts drehen. Den rechtsdrehenden Kristall kann man daran erkennen, daß rechts neben der größten Pyramidenfläche des Kristalls eine oder mehrere rautenförmige Flächen zu sehen sind. Ist diese Fläche links von der Pyramidenfläche zu sehen, handelt es sich um einen linksdrehenden Kristall. Die meisten Kristalle sind eine Mischung aus beiden. Einige Forscher behaupten, daß je nach Drehrichtung der Spirale unterschiedliche Arten von Energien in den Kristallen anzutreffen sind.

Kristalle verstärken das gesamte Energiefeld des Körpers. Wenn Sie einen Kristall an einer bestimmten Körperstelle tragen, wird er die Energie an dieser Stelle stärker konzentrieren. Nahe am Hals getragen, regt er die Schilddrüse und die Nebenschilddrüse an, was bei Atmungsproblemen, wie z. B. Kongestion und auch bei Halsentzündungen besonders hilfreich ist.

Über dem Herzen getragen, stimuliert der Kristall die Thymusdrüse und stärkt das körpereigene Abwehrsystem gegen Krankheiten. Trägt man einen Kristall über dem Solarplexus, führt das zur Anregung der gesamten Körperenergien, kann aber auch den Gefühlsbereich stärker werden lassen, was nicht in jedem Fall so wünschenswert ist.[1]

In Experimenten mit Kirlian-Photographien haben Marcel Vogel, Dale Walker und andere gezeigt, daß es kaum einen Unterschied macht, in welche Richtung die Spitze beim Tragen zeigt. Das Energiefeld vergrößert sich insgesamt, egal ob sie nach oben, unten oder zur Seite weist. Keine der verschiedenen Ausrichtungen bewirkte eine Verringerung

---

1 DaEl, *The Crystal Book* (Sunol, Ca: The Crystal Company, 1983), S. 75. Copyright by Dale Walker, 1983. Zitiert mit freundlicher Genehmigung des Autors.

des Energiefeldes. Zeigte die Kristallspitze nach oben, wurde ein Teil der Energie in die oberen Chakren geleitet, wodurch sich bei einigen Leuten geradezu das Gefühl einstellte, sie verließen ihren Körper. War die Spitze zur Seite hin gerichtet, ließ sich ein leichter Anstieg der Energie vor dem Körper und ein starker Anstieg zu beiden Seiten des Körpers feststellen. Eine nach unten gerichtete Spitze hatte leicht erdende Wirkung, da Energie in den unteren Teil des Körpers geleitet wurde. Die Leute wurden dadurch sozusagen in ihren Körper zurückgeholt, waren besser geerdet und stärker im Einklang mit der Welt. Es empfiehlt sich, den Kristall beim Meditieren, Beten, Lernen und bei Prüfungen mit der Spitze nach oben zu tragen, aber ansonsten immer mit der Spitze nach unten.

Der physische Körper ist nur einer von mehreren Körpern, die den gesamten Menschen ausmachen. Diese anderen Körper (der esoterischen Philosophie nach gibt es sieben) bestehen hauptsächlich aus unterschiedlichen Energieebenen und -zuständen, die Geist, Körper und Gefühle miteinander verbinden. Kristalle reagieren auf diese feinstofflichen Energien, und in diesen ätherischen Bereichen beginnt auch der Heilungsprozeß. Kirlian-Photographien zeigen, daß sich die ätherischen Felder des Körpers zumindest verdoppeln, wenn man einen Kristall in der linken Hand hält. Da die verfügbaren Energien dann mit Hilfe der Gedankenkraft an die gewünschten Stellen geleitet werden können, gibt es unzählige Möglichkeiten, diese Energie dazu einzusetzen, das Leben der Menschen zu verändern oder selbst die allgemeine Atmosphäre auf unserem Planeten zu heben.

Kristalle wandeln Energie um und harmonisieren sie. Krankheiten des physischen Körpers zeigen an, daß die Energien der ätherischen Körper gestört und im Ungleichgewicht sind, demzufolge beginnt die Heilung, sobald das Gleichgewicht der feinstofflichen Körper wieder hergestellt ist. Der Kristall wirkt wie ein Brennpunkt, in dem sich heilende Energie und Heilungsabsicht sammeln, und der so die entsprechende Energie erzeugt.

Die Aura ist der ätherische Körper, der für den Heiler am offensichtlichsten ist. Ob er die Farben der Aura sehen kann oder auch nicht, irgendwann wird er dazu in der Lage sein, die Energie der Person, die er behandelt, zu erspüren, insbesondere die Bereiche, in denen die Energie gestört oder im Ungleichgewicht ist, was auf eine Erkrankung hinweist.

Der Kristall läßt sich ausgezeichnet zur Behandlung von geistiger oder emotionaler Verwirrung, Besessenheit, psychischen Angriffen etc. einsetzen, sei es im astralen oder im geistigen Bereich. Er hilft, die verschiedenen Kraftzentren oder Chakren des Körpers ins Gleichgewicht zu bringen und wieder durchgängig zu machen, so daß die Energie frei fließen kann. Kristalle sind besonders wirksam bei den unteren beiden Chakren sowie dort, wo es darum geht, vorzeitig angeregte und im Körper hin- und herwandernde Kundalini-Kräfte zu dämpfen. Als umfassendes Heilmittel können sie Menschen auch dabei unterstützen, schädliche Angewohnheiten wie Rauchen und Trinken aufzugeben.

Detaillierte Informationen über die Ergebnisse vielfältiger Experimente mit Kristallen gibt *The Crystal Book* von DaEl (Dale Walker)[2]. Der Autor gibt in seinem Buch einige Übungen zum Selbstausprobieren an, die sich ausgezeichnet zur Anregung der Heilkräfte eignen. Die folgenden beiden Übungen sind seinem Buch entnommen:

---

2 DaEl, *The Crystal Book* (Sunol, Ca: The Crystal Company, 1983).

## Übung zur Schmerzverringerung

Halten Sie einen Kristall in Ihrer linken Hand, legen Sie Ihre rechte Hand auf die schmerzende Stelle. Wenn Sie den Schmerz auf der rechten Körperseite spüren, legen Sie die linke Hand mit dem Kristall auf die betroffene Stelle, und ergreifen Sie dann den linken Arm mit der rechten Hand. Bleiben Sie eine halbe Stunde lang in dieser Stellung. Dabei können Sie sich z. B. Ihre Lieblingssendung im Fernsehen anschauen.

Energie fließt in die linke Hand hinein und durch die rechte hinaus. Wenn Sie Ihre rechte Hand auf die schmerzende Stelle halten, wird die Energie mit Hilfe des Kristalls verstärkt, und durch die in diesen Bereich strömende Energie verringert sich der Schmerz. Dadurch, daß die vorher blockierten Kanäle wieder frei sind, wird der Heilungsprozeß gefördert.

„Der Prozeß der Heilung wird leicht verständlich, wenn man ihn als Energiefluß betrachtet", sagt Dale Walker. „Wenn der Energiezustrom zu den Zellen durch irgend etwas blockiert ist, fangen die Organe an, abzusterben, und Sie werden krank. Wenn diesem Bereich dann wieder Energie zugeführt wird, bilden sich neue Zellen, die die Organe wiederherstellen, und Sie werden gesund . . . Alles, was ein Mensch für einen anderen tun kann, ist, den Zellen wieder Energie zuzuführen, damit die Zellen sich regenerieren und selbst heilen können."[3]

---

3 DaEl, *The Crystal Book* (Sunol, Ca: The Crystal Company, 1983), S. 67-68. Copyright by Dale Walker, 1983.

# Die Aura abtasten

Das Abtasten der Aura ist eine interessante, von Dale Walker praktizierte Heiltechnik. Es handelt es sich dabei um eine grundlegende Technik, die in vielen Seminaren vermittelt wird, aber Dale Walker hat sie so interessant beschrieben, daß ich hier aus seinem Buch zitieren möchte. Ich kann aus persönlicher Erfahrung bestätigen, daß es funktioniert:

1. Der Patient liegt auf dem Rücken, die Hände neben dem Körper. Halten Sie den Kristall leicht zwischen Daumen und den ersten drei Fingern, zwei bis drei Zentimeter vom Körper entfernt. Fangen Sie beim Kopf an, und arbeiten Sie weiter in Richtung Füße.

2. Sobald Sie Wärme oder ein leichtes Prickeln verspüren, fangen Sie an, den Kristall langsam über den Körper zu bewegen. Achten Sie dabei sehr bewußt auf jede Veränderung, sowohl im Kristall als auch im Körper des Patienten. Die Veränderung kann darin bestehen, daß Sie so etwas wie Widerstand gegen Ihre Bewegung spüren, Wärme, ein Prickeln, Kühle. Es kann aber auch einfach sein, daß Sie das Gefühl haben, da ist irgend etwas, auch wenn Sie es nicht unmittelbar im Kristall spüren.

3. Wenn Sie solch eine Veränderung wahrnehmen, halten Sie an, und beginnen Sie, gegen den Uhrzeigersinn kreisende Bewegungen um den Mittelpunkt der Störung auszuführen. Fahren Sie mit dieser Bewegung fort, bis Sie spüren, wie der Kristall schwerer wird und Ihre Hand nach unten zieht, auf den Körper zu. Beenden Sie die

kreisende Bewegung, und berühren Sie den Körper im Kreismittelpunkt mit der Spitze des Kristalls.

4. Bewegen Sie den Kristall anschließend weiter über den Körper, zuerst über die Vorderseite und dann an den Seiten entlang. Sobald Sie an einer Stelle einen Unterschied wahrnehmen, korrigieren Sie die Störung mit der gegen den Uhrzeigersinn verlaufenden Bewegung.

5. Wenn Sie bei den Füßen angekommen sind, gehen Sie wieder zum Kopf zurück, und streichen Sie mit dem Kristall von Kopf bis Fuß über den Körper, so als wollten Sie Federn glattstreichen. Das bewirkt, daß die Energie der Aura ruhig und gleichmäßig fließt.

6. Bitten Sie den Patienten dann, sich herumzudrehen, und beginnen Sie mit der gleichen Prozedur auf der Körperrückseite. Wo Sie eine Veränderung wahrnehmen, halten Sie wieder an und umkreisen die Stelle mit Bewegungen entgegen dem Uhrzeigersinn. Danach streichen Sie auch auf dieser Seite „die Federn glatt“.

7. Die Chakren liegen jetzt weit offen vor ihnen. Schließen Sie sie wieder so weit, wie sie normalerweise geschlossen sind, indem Sie sich einen Reißverschluß vorstellen, der an den Füßen beginnt. Ergreifen Sie den Reißverschluß, und ziehen Sie ihn von unten bis ganz zum Kopf hinauf.

8. Wenn Sie fertig sind, wird der Patient sehr entspannt, sogar etwas schläfrig sein. Der ganze Körper befindet sich im Gleichgewicht. Nach kurzer Zeit sollte sich der Patient ausgeruht und gestärkt fühlen. Schmerzen und

Spannungen haben nachgelassen, statt dessen hat sich ein Gefühl des Wohlbefindens eingestellt.[4]

Es gibt übrigens ein interessantes Experiment, das Ihnen die Kraft der Energie vor Augen führt, die unter Punkt 7 im Zusammenhang mit dem „Reißverschluß" erwähnt wurde. Bitten Sie jemanden, sich mit ausgestrecktem Arm hinzustellen, und den Arm mit aller Kraft steif zu halten. Am unteren Ende der Wirbelsäule anfangend, ziehen Sie dann einen imaginären Reißverschluß den Rücken bis zum Nacken hoch. Dabei spielt es keine Rolle, ob sie die Person mit der Hand berühren oder nicht. Es reicht, wenn Sie sechs bis sieben Zentimeter von der Wirbelsäule entfernt durch die Aura fahren. Versuchen Sie dann mit aller Kraft, den ausgestreckten Arm nach unten zu ziehen. Ihr Bemühen wird auf sehr viel Widerstand stoßen. Drehen Sie danach den ganzen Vorgang um, und ziehen Sie den imaginären Reißverschluß die Wirbelsäule hinunter und somit auf. Wenn Sie jetzt versuchen, den ausgestreckten Arm nach unten zu ziehen, während der andere all seine Kraft dagegen hält, werden Sie feststellen, daß er es nicht schafft, den Arm oben zu halten, wie sehr er sich auch bemüht. Schon bei leichter Berührung läßt sich der Arm mühelos nach unten bewegen. Schließen Sie dieses Experiment immer damit ab, daß Sie den Reißverschluß wieder hochziehen, sonst lassen Sie diesen Menschen ohne Energie zurück.

---

4 DaEl, *The Crystal Book* (Sunol, Ca: The Crystal Company, 1983). Copyright by Dale Walker, 1983. Zitiert mit freundlicher Genehmigung des Autors.

## Die Chakren ins Gleichgewicht bringen

Das Kristallpendel reagiert ganz besonders auf Ungleichgewichtszustände in den Chakren, die sich mit seiner Hilfe ausgleichen lassen. Lassen Sie den Kristall einfach, in der Absicht, das Gleichgewicht wiederherzustellen, im Chakrakegel in beide Richtungen frei schwingen, bis er zum Stillstand kommt. Das Chakra befindet sich dann wieder im Gleichgewicht.

## Fernheilung

Bei Fernheilung durch Einzelpersonen oder Gruppen ist der Kristall als Brennpunkt, in dem Wille und Absicht konzentriert werden, oft besonders machtvoll. Dabei nimmt der Heiler die Hilfe der elementaren Wesenheiten des Kristalls (bzw. der Kristalle) in Anspruch, die die Energien gewissermaßen wie bei einer Telefonverbindung weiterleiten. Der Kristall ergänzt die jeweils vom Heiler benutzte Technik. Wenn Sie mit Farben heilen, leiten Sie sie durch den Kristall weiter. Wenn Sie mit Vorstellungsbildern arbeiten, versuchen Sie, sich die betreffende Person im Innern des Kristalls mit all seinen harmonisierenden Einflüssen vorzustellen. Vergessen Sie dabei nicht, daß diese Methode am besten funktioniert, wenn Schmerzen, Verletzungen und Probleme ignoriert werden und Sie sich vielmehr auf das Endziel konzentrieren, nämlich das Nichtvorhandensein von Schmerz oder Disharmonie. Stellen Sie sich den Patienten als gesund und glücklich vor, voller Lebenskraft und strotzend vor Gesundheit. Sie können auch folgendes versuchen: Legen Sie einen Kristall auf ein Foto des Patienten, und sehen Sie ihn in Ihrer Vorstellung gesund und glücklich vor sich.

★ ★ ★

Nur wenige Pioniere auf dem Gebiet des Heilens mit Kristallen, wie zum Beispiel Dale Walker, Marcel Vogel und Ra Bonewitz, haben über ihre Experimente mit Kristallen geschrieben. Sie alle drängen ihre Leser, eigene Methoden anzuwenden und eigene Experimente zu entwickeln, damit mehr über die natürlichen Eigenschaften dieser Steine bekannt wird. Machen Sie Aufzeichnungen — schreiben Sie Ihre eigenen Erfahrungen auf. Es wird auch andere interessieren, wenn Sie eine neue Entdeckung gemacht oder ein Experiment entwickelt haben, das sich wiederholen oder nachprüfen läßt.

Kapitel V

# Meditation mit Kristallen

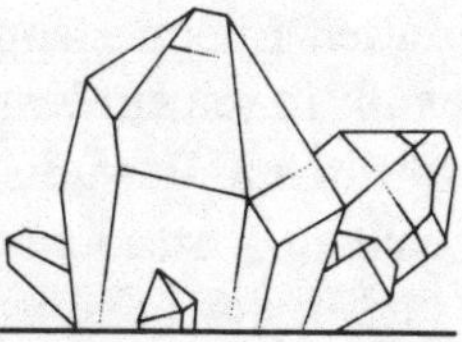

Ein paar Minuten lang vor dem Meditieren oder Beten durch eine in Augenhöhe angebrachte Quarzkristallspitze in eine brennende Kerze zu schauen, ist eine in der ganzen Welt übliche Praxis. Man glaubte, daß die Kristalle in jegliches Unternehmen, dem diese Übung vorausging, Ruhe und Klarheit bringen würden, vorausgesetzt, sie wurden zu einem guten Zweck, mit moralischer Urteilskraft und gesundem Menschenverstand eingesetzt.

In so unterschiedlichen Gegenden wie dem Orient, dem Nahen Osten, dem vorchristlichen und dem christlichen Europa sowie auch in Nord- und Südamerika werden Kristalle seit Jahrtausenden bei religiösen Bräuchen benutzt. Sie werden bei fast allen archäologischen Ausgrabungen in den Grabstätten von Priestern und Königen gefunden. An mehr als tausend Stellen bezieht sich die Bibel auf Steine aus der Quarzfamilie. Der zwölfte Stein bei der Grundsteinlegung zu Neu Jerusalem bestand aus Amethystquarz, ebenso wie der neunte Stein auf Aarons Brustschild, in orthodoxen katholischen Kirchen gilt Amethystquarz als ein Symbol spiritueller Kraft. Jeder Bischof besitzt einen solchen Stein. Er wird dazu benutzt, die sieben Erzengel anzurufen.

Ein Strom ewiger Lebensenergie durchzieht alle sichtbaren und unsichtbaren Dinge sowie auch jede Aktivität des Menschen und aller anderen Lebewesen. Wenn wir den Kristall dazu benutzen, uns bei der Meditation noch tiefer auf diesen Energiestrom einzustimmen, und den Tag über bewußt in seinem Kraftfeld zu bleiben, können wir ali unsere intuitiven Bewußtseinskräfte erweitern und stärken, wir bleiben gesund und in einem inneren Gleichgewicht und sind in der Lage, angemessen wahrzunehmen, wo in unserem Leben sich Wesentliches manifestiert.

Beim Beten vermitteln Kristalle größere Klarheit im Denken. Beten bedeutet, mit Geist und Herz zu Gott sprechen, während meditieren bedeutet, mit den inneren Sinnen und intuitiver Bewußtheit auf die Stimme Gottes zu lauschen. Unser inneres Bewußtsein strukturiert im Grunde unsere Wirklichkeit entsprechend der Daten, die es von den äußeren und inneren Sinnen erhält. Durch das Meditieren werden die äußeren Sinne gewissermaßen abgekoppelt, damit es möglich wird, die inneren Sinne wahrzunehmen.

Unsere heutige Kultur ist so angelegt, daß die äußeren Sinne im Vergleich zu den inneren in einem absolut unverhältnismäßigen Ausmaß eingesetzt werden. Der Mensch als einheitliches Wesen erfüllt seine Aufgabe jedoch am besten, wenn er ausgeglichen und ganz ist. Das richtige Gleichgewicht zwischen inneren und äußeren Sinnen führt zu Harmonie im geistigen und körperlichen Bereich und in all unseren anderen Angelegenheiten.

Wenn die Meditationspraxis, die Sie anwenden, Ihnen das

Gefühl der Ausgeglichenheit und Ganzheit gibt, machen Sie mit dem weiter, was gut für Sie ist, nur halten Sie in Ihrer linken Hand einen Kristall. Sie können auch einen Kristall aufrecht vor sich hinstellen. Sie werden feststellen, daß Ihre Meditation mit ungewöhnlichen und lehrreichen Erfahrungen bereichert wird. Für diejenigen, die zur Zeit keine Meditationsmethoden kennen, sind im folgenden einige einfache angegeben:

## Selbstbestärkungen

Setzen Sie sich mit geradem Rücken hin, Schuhe aus, Füße flach auf dem Boden. Der Kristall ruht in Ihrer linken Hand, mit der Spitze zum Körper, schließen Sie die Augen, und wiederholen Sie immer und immer wieder: „Ich bin das Licht Gottes", oder „Ich bin ein strahlendes Lichtwesen, das vorübergehend einen physischen Körper benutzt". Wenn Sie diese Selbstbestärkungen benutzen oder auch andere, wie zum Beispiel „Ich bin Liebe", „Ich bin Weisheit", „Ich bin Gesundheit" etc., stärken Sie damit genau diese Eigenschaften in sich selbst.

## Meditieren mit dem neu erworbenen Kristall

Wenn Sie einen Kristall bekommen haben, egal ob er Ihnen geschenkt wurde, ob Sie ihn gekauft oder selbst gesucht haben, nehmen Sie ihn mit in die Meditation, und meditieren Sie über die Frage, warum er zu Ihnen gekommen ist. Fragen Sie den Kristall, mit welchen Anwendungsbereichen er in Einklang ist, und zu welchem Zweck er gerne benutzt werden möchte. Die Antwort kann ein intuitives Gefühl sein, ein inneres Bild von einer bestimmten Art, den Stein zu benutzen oder sogar das Empfinden, eine in Worte gefaßte Antwort erhalten zu haben. Seien Sie einfach offen, für alles was geschieht, wenn Sie in Kontakt mit der lebendigen Intelligenz hinter der physischen Form treten, der Wesenheit oder elementaren Energie des Kristalls.

## Meditieren mit Kristall und Kerze

Hängen Sie in einem abgedunkelten Zimmer einen Kristall an einer Schnur in Augenhöhe auf, oder setzen Sie ihn in ein Gefäß mit etwas, das den Kristall nicht erdet, wie zum Beispiel Reis oder Bohnen (Salz, Zucker oder Sand sind ungeeignet — sie erden den Kristall und schränken seine Aura ein). Der Kristall sollte nach Möglichkeit aufrecht stehen. Stellen Sie eine brennende Kerze so hinter ihn, daß Sie aus

Ihrer Meditations- oder Gebetshaltung die Flamme durch den Kristall hindurch sehen.

Beobachten Sie die Flamme durch den Kristall, und während Sie tiefer in einen meditativen Zustand hineinsinken, betrachten Sie die durch den Kristall reflektierten Lichtstreifen. Achten Sie bewußt auf Ihren Atem, nehmen Sie wahr, wie er in den Körper hinein und wieder herausströmt. Lassen Sie die Gedanken kommen und gehen, nur wenn diese statt der durch den Kristall beobachteten Flamme in den Mittelpunkt Ihrer Aufmerksamkeit treten, kehren Sie bewußt zu Atmung und Kerze zurück. Üben Sie einmal pro Tag fünfzehn bis zwanzig Minuten lang.

## Im Strom der Lebensenergie treiben

Halten Sie einen Kristall so in der linken Hand, daß seine Spitze zu ihrem Kopf weist. Legen Sie sich dann auf den Boden oder aufs Bett, mit dem Kopf nach Norden, so daß sie mit den Polkräften der Erde in Übereinstimmung sind. Während Ihr Körper sich entspannt und es in Ihrem Kopf ruhiger wird, spüren Sie, wie die Lebenskraft in Ihrem Körper pulsiert. Tauchen Sie ganz in sie hinein. Fließen Sie mit diesem pulsierenden, lebendigen Teil des Universums. Stellen Sie sich vor, Sie würden, mit dem Kopf voran und noch immer in Bauchlage hinweggeschwemmt und würden langsam in ein Meer aus Energie getrieben. Schweben Sie in Gedanken hinauf in die Stratosphäre, die Erde unter Ihnen wird immer kleiner und kleiner, je mehr sie Ihrem inneren

Blick entschwindet. Lassen Sie sich mit dem Strom treiben, gleiten Sie sanft in einer spiralförmigen Bewegung durch das Weltall, versinken Sie vollständig in den kosmischen Rhythmen, fühlen Sie sich als Teil des Göttlichen.

Zum Abschluß erfüllen Sie sich ganz mit den schützenden Weißen Licht, während Sie allmählich wieder ins volle Bewußtsein zurückkehren. Das Weiße Licht stellt einen universellen Schutz dar, den unser Geist mit Hilfe der natürlichen Fähigkeit des Menschen zur Hingabe geschaffen hat. Stellen Sie sich einfach vor, daß Sie von einem strahlend hellen Licht umgeben sind, machen Sie sich bewußt, daß dieses Licht Gott ist und daß Gott Sie vor allem Negativen schützt.

## Meditation über den Inneren Weg

Setzen Sie sich mit geradem Rücken hin, einen Kristall in der linken Hand. Versetzen Sie sich mit Hilfe eines Mantras Ihrer Wahl in einen tiefen besinnlichen Zustand. Während Sie sich nach Innen wenden, ersetzen Sie das Mantra, das Sie gerade benutzt haben, durch das Fürwort „Ich" oder durch den Satz „Ich bin". Sie werden feststellen, daß Ihre innere Wahrnehmung sich nach oben, statt nach innen oder unten wendet.

Denken Sie über das Konzept „Ich" nach, in dem sich Ihr ganzes Wesen ausdrückt, das sowohl sinnliches als auch spirituelles Bewußtsein hat.

Stellen Sie sich ihre Gedanken als Äste oder Zweige vor, die auf einem Fluß treiben. Lassen Sie die Ideen, die sich für

Sie mit dem Konzept „Ich" verbinden, einfach fließen. Halten Sie keine fest. Erlauben Sie Ihrem bewußten Verstand nicht, auf irgendeiner Assoziation aufzubauen. Sehen und erkennen Sie einfach die Verbindung, und lassen Sie sie dann weiterziehen. Kommen Sie zum ursprünglichen Konzept zurück, und beginnen Sie von vorne. Lassen Sie jede neue Assoziation, die hochkommt, gehen, und kehren Sie zum ursprünglichen Konzept zurück.

Kommen Sie nach einer Weile wieder ins wache Tagesbewußtsein zurück. Erfüllen Sie sich mit dem schützenden Weißen Licht, erkennen Sie dieses Licht als die Einheit mit allem, was IST, ein Licht, das Ihr Leben auf vielfältige und bedeutende Art und Weise verändern wird.

## Regenbogenmeditation

Setzen Sie sich mit gestrecktem Rückgrat und einem Kristall in der linken Hand auf einen bequemen Stuhl. Sehen Sie zu Ihren Füßen eine strahlend leuchtende violette Kugel. Stellen Sie sie sich als die pulsierende, vibrierende violette Energie hoher Spiritualität vor, die einen Menschen repräsentiert, der auf der Suche nach der tieferen Bedeutung des Lebens und der Existenz ist.

Lassen Sie diese Kugel aufsteigen und sich ausdehnen, bis sie jedes Atom Ihres Körpers erfüllt und dabei die Lichtenergie immer weiter nach oben zieht, bis sie oben aus Ihrem Kopf herauskommt. Sehen Sie die Kugel dann explodieren und das Licht in einem violetten Feuerwerk wie ein energiespendender Springbrunnen auf Sie hinunterrieseln.

Wiederholen Sie den ganzen Vorgang mit den kräftigen tiefen Farbtönen des Indigo, denn diese Farben repräsentieren den Menschen, der wahrhaft auf der Suche nach dem Sinn seines Lebens ist.

Machen Sie das gleiche mit anderen Farben: Blau, das Ihnen das Gefühl Göttlicher Lenkung gibt; Grün, das große Freude, Erwartung und Heilung widerspiegelt; Gelb, das tiefes Denken oder intellektuelle Aktivität repräsentiert; Orange, das für Weisheit, Gerechtigkeit, Kreativität und Wohlwollen für alle steht; sowie leuchtendes, klares, schillerndes Rot, das für vitale, optimistische Lebensfreude steht.

Versuchen Sie, sich klare, leuchtende Farben vorzustellen, aber lassen Sie Ihren Geist trotzdem in jede gewünschte Richtung frei assoziieren, während Sie die Farbbälle durch Ihren Körper hinaufziehen, dann über Ihrem Kopf explodieren und in einem schillernden Farb- und Energieregen auf Ihr ganzes Wesen hinunterrieseln lassen.

Machen Sie diese Übung an drei hintereinanderliegenden Tagen. Drehen Sie die Reihenfolge danach um, fangen Sie mit Rot an und hören Sie mit Violett auf. Bei der ersten Übung werden Sie den Eindruck haben, daß Ihre Aufmerksamkeit nach unten und innen gelenkt wird, die zweite Übung wird die Aufmerksamkeit, nach oben, hin zu höherer spiritueller Einstimmung lenken.

## Gruppenmeditation mit einem Kristall

Bei der Gruppenmeditation kann ein einzelner großer Kristall oder auch ein großes Bündel von Kristallen benutzt werden. Die Mitglieder der Gruppe setzen sich im Kreis um den Kristall herum und konzentrieren ihre Aufmerksamkeit auf den Stein. Es ist sinnvoll, vor Beginn der Meditation in der Gruppe über die genaue Absicht zu sprechen, darüber, was erzielt werden soll, dann kann die Energie aller, einschließlich der des Kristalls, so klar und genau wie möglich konzentriert werden. Wenn jeder in der Gruppe eine andere Vorstellung oder Absicht hat, könnte es sein, daß die gegensätzlichen Energien sich einfach gegenseitig aufheben.

Die Gruppe sollte sich der Notwendigkeit bewußt sein, den Kristall regelmäßig zu reinigen, um sicherzustellen, daß die Energien des Kristalls nicht bewußt oder unbewußt mißbraucht werden. Es könnte entweder jemand bestimmt werden, der diese Aufgabe übernimmt, oder aber alle machen es gemeinsam vor Beginn der Meditation. (Siehe Kapitel VI, „Pflege der Kristalle“.) Häufiges Reinigen des Kristalls trägt nicht nur dazu bei, den positiven Zweck der von der Gruppe gewünschten Absichten, auf die der Stein eingestellt worden ist, beizubehalten, sondern sogar, sie zu verstärken.

Die folgenden Meditationen sind für Anfänger nicht geeignet. In ihnen werden sehr machtvolle Energien konzentriert, und deshalb sollten unbewußte Menschen oder Menschen, deren Bewußtsein noch nicht geweckt ist, mit ihnen auf keinen Fall experimentieren.

## Mit dem Kristall verschmelzen

Blicken Sie tief ins Herz des Kristalls. Schließen Sie die Augen, und stellen Sie sich vor, wie er wächst, bis er größer und machtvoller ist als alle Kristalle der Welt. Spüren Sie die Energie, die von ihm ausgeht, und stellen Sie sich vor, wie diese gewaltigen Energien Sie selbst und ihn einhüllen.

Stellen Sie sich jetzt vor, wie ihr Kristall noch größer wird, bis er so groß wie ein Haus ist. Gehen Sie hinein, und sehen Sie sich um. Betrachten und betasten Sie den Boden, die Wände, die Decke. Können Sie durch den Kristall nach draußen schauen? Wenn ja, was sehen, fühlen, riechen Sie? Benutzen Sie all Ihre Sinne, während Sie in Ihrem Kristallhaus sind. Wie sind Sehen, Hören, Tasten, Schmecken und Riechen beteiligt?

Jetzt, da Sie mit ihrem Kristall eins sind, stellen Sie sich vor, wie Sie immer größer und größer werden. Ihr Kristall, und Sie mit ihm, werden größer und größer, bis alles, was Sie sehen und sich vorstellen können, im Innern des Kristalls ist: die Erde, der Himmel, die Sonne, Mond und Sterne, das ganze Universum, selbst Raum und Zeit. Stellen Sie sich den Kristall so groß vor, daß er keine Wände oder Seitenkanten hat — überall ist nur Kristall. Stellen Sie sich jetzt vor, daß er ein großer dahinfließender Strom aus lauter Kristallen ist, jenseits von Raum und Zeit. Spüren Sie, wie der kristallene Strom durch Sie hindurchfließt und Sie von allem Schmerz und Leid, von jedem Kummer und Verlust reinigt, alle Dunkelheit hinwegspült. Fühlen Sie, wie Sie mit diesem sanft schimmernden, sich leicht bewegenden Meer aus Kristallen verschmelzen, wie ein Strom aus sanftem, reinigendem weißen Licht, das in allem leuchtet, alles durchdringt.

*Achtung:* Wenn Sie gerade erst angefangen haben, mit Kristallenergien zu arbeiten, ist es besser, Sie meditieren über den Kristall selbst, als daß Sie versuchen, in ihn hineinzugehen. Je intensiver Sie mit der Energiestruktur des Kristalls vertraut werden, indem Sie in ihn hineingehen, in desto engeren Kontakt treten Sie mit der elementaren Energie — der Wesenheit, die der Kristall selbst ist, sozusagen mit der Kristalldeva — und umso schwieriger ist es, die in der Meditation erhaltenen Informationen mit innerem Abstand zu beurteilen.

## Pyramide und Kristall

Ein entweder an der Spitze oder im Energiebrennpunkt einer Meditationspyramide angebrachter Kristall kann sehr machtvoll sein. Es ist sehr viel bewußte höhere Einstimmung und sehr viel klare Zielgerichtetheit erforderlich, um die kombinierten Energien von Kristall und Pyramide richtig kontrollieren zu können. Versuchen Sie es nicht, bevor Sie nicht einen Zustand der Einstimmung erreicht haben, in dem Ihr Leben zumindest auf geistiger, statt auf emotionaler Ebene verläuft. Andererseits kann man die Energieebenen des Kristalls erhöhen, indem man ihn eine gewisse Zeit lang, zum Beispiel über Nacht, in eine Pyramidenform legt, um ihn „aufzuladen“.

★ ★ ★

Es gibt so viele Meditationspraktiken wie es Menschen gibt, die sie sich ausdenken können. Probieren Sie auch einmal aus, Kristalle in Ihre Lieblingsmeditation mit hineinzunehmen. Halten Sie sie in der Hand, oder legen Sie sie sich auf den Schoß. Blicken Sie in die Tiefen eines Kristalls, der auf dem Boden oder dem Tisch steht. Setzen Sie sich in einen aus Kristallen gebildeten Kreis, der die Form eines Zodiakus, des Tierkreises, oder eines Davidsterns hat. Vervielfachen Sie die Kraft Ihrer Gedankenenergie mit Hilfe der Verstärkung, die durch die Kristalle erfolgt. Und schreiben Sie Ihre Erfahrungen auf, damit andere Menschen daran Anteil haben können.

Kapitel VI

# Pflege der Kristalle

Bürsten Sie Ihren neu erworbenen Kristall in warmem Seifenwasser ab, um so jegliche Fremdkörper von der Oberfläche und aus den Spalten zu entfernen. Es könnten noch Oxalsäurereste an ihm haften. Oxalsäure ist ein Gift, das dazu benutzt wird, rotes Eisenoxyd und andere Mineralien aus dem frisch abgebauten Quarz zu lösen. In kleinen Dosen ist es zwar unschädlich, reichert sich aber im Körper an und sollte deshalb mit extremer Vorsicht gehandhabt werden.

In früheren Zeiten wurden traditionellerweise viele verschiedene Methoden der Kristallpflege weitergegeben, wie zum Beispiel heilige Zeremonien, heilende Lehmbäder und Meersalzbäder. Menschen, die heute auf diesem Gebiet forschen, scheinen im allgemeinen die Meersalzbäder zu bevorzugen.

Reinigen Sie einen neu erstandenen Kristall von unerwünschten Einflüssen, indem Sie ihn ganz in trockenes Meersalz stecken — einige Leute empfehlen einen Zeitraum von drei Tagen, andere fünf. Es hängt vielleicht von der Sensibilität seines Benutzers ab. Meiden Sie Meersalz, das Aluminium enthält sowie auch Aluminiumbehälter. Gefäße aus Glas oder Porzellan eignen sich ideal für diesen Zweck. Schütten Sie das Salz nach einmaligem Gebrauch fort.

Sie können den Kristall auch einfach zehn Minuten lang in warmes Salzwasser legen, um jegliche Negativität, die sich in ihm angesammelt haben könnte, zu beseitigen. Wenn der Stein trocken ist, lassen Sie ihn ein oder zwei Stunden lang direkt von der Sonne bescheinen, die — zusammen mit Ihrer bewußten Absicht, jegliche negative Energie in positive umzuwandeln — beginnen wird, den Kristall für Sie aufzuladen. Beurteilen Sie mit Hilfe Ihrer Sensibilität selbst, wie lange der Stein in der Sonne liegen bleiben sollte.

Kristalle werden in erster Linie im Umgang mit feinstofflichen Energien benutzt, die sich oft gerade auf die Substanz auswirken, aus denen die Kristalle bestehen. Daher ist es ratsam, die Steine gelegentlich, oder aber öfters zu reinigen, wenn sie wie beim Heilen täglich benutzt werden.

Die Reinigungsmethoden unterscheiden sich sehr von einem Benutzer zum anderen, durch Ausprobieren können Sie herausfinden, welche Methoden Ihrem Gefühl nach am besten sind.

Wasser ist ein universelles Reinigungsmittel. Es gibt Leute, die ihre Kristalle am liebsten in natürlich fließendem Wasser waschen, wie zum Beispiel in einem Bach oder Fluß. Das könnte sich für Städter oder Bewohner von Wüstengegenden als etwas schwierig erweisen, deshalb können Sie statt dessen auch fließendes Leitungswasser nehmen. Benutzen Sie auf keinen Fall heißes Wasser, da der Kristall zerspringen könnte, sondern nehmen Sie nur kühles bis warmes Wasser. Stellen Sie sich beim Waschen des Kristalls ganz bewußt vor, daß alle unerwünschten Energien fortgespült werden und alle erwünschten Energien bleiben.

Ebenso rasch und wirksam können Sie den Kristall mit Hilfe Ihrer Vorstellungskraft reinigen. Halten Sie den Kristall einfach in den Händen, und stellen Sie sich vor, wie positive Energie durch ihn hindurchströmt und alle negativen oder unerwünschten Energien fortspült. Sie könnten sich einen Strom der Liebe und des Lichtes vorstellen, der durch den Kristall fließt, alle Unreinheiten mit sich fortspült und sie in positive, heilende Energie verwandelt.

Es ist die Verantwortung und das oberste Ziel aller Menschen, die sich für die Kräfte des Lichtes einsetzen, die Energien der Erde zu reinigen, während sie an ihrer eigenen spirituellen Entwicklung arbeiten. Wenn man den Kristall von den negativen Energien reinigt, die er im Laufe der Zeit seiner Benutzung möglicherweise in sich aufgenommen hat, sollte man immer sorgfältig darauf achten, sie in positive Energien umzuwandeln und nicht gedankenlos über den Globus verstreuen. Wenn die negative Energie nicht umgewandelt wird, zieht sie einfach weiter und hängt sich an jemand anderen. Wir müssen uns die Zeit nehmen, einen Teil der karmischen Last negativer Energie, die heute auf unserem Planeten liegt, unwirksam zu machen, sonst werden wir niemals das Bewußtsein der Menschheit als Ganzes heben.

Menschen, die als Heiler tätig sind, sei es mit Kristallen oder in anderer Form, sollten übrigens auch sich selbst vor und nach jeder Behandlung reinigen, damit nicht von ihnen selbst stammende oder von einem vorherigen Patienten unabsichtlich übernommene negative Energien an den nächsten weitergegeben werden.

Lassen Sie mich in diesem Zusammenhang kurz über eine persönliche Erfahrung berichten, die ich vor mehreren Jah-

ren bei einem spirituellen Seminar in Phoenix machte. Ich war nach diesem Erlebnis so von Schrecken und Ehrfurcht ergriffen, daß ich es wahrscheinlich so bald nicht vergessen werde.

Bei diesem Seminar war der Sonntag morgen der spirituellen Heilung gewidmet. All diejenigen, die an der Heilung aktiv beteiligt waren, stellten sich im vorderen Teil des Raums im Kreis um die Person herum, die heilende Energien empfangen sollte. Wir anderen saßen auf unseren Stühlen und steuerten, mit dem Kreis zugewandten Handflächen, unseren Teil an heilenden Energien bei.

Ich arbeitete zwar schon seit vielen Jahren mit der Energie des Lichtes und mit spirituellem Wachstum, hatte aber bis zu dem Zeitpunkt der Heilung im physischen Bereich noch nicht viel Aufmerksamkeit geschenkt. Als ich meine Hände hob und die Handflächen in Richtung des Kreises der Heiler richtete, hörte ich plötzlich laut und deutlich eine innere Stimme, die in scharfem Ton sagte: „Laß das!"

Erschrocken ließ ich meine Hände sinken und fragte (natürlich nur in Gedanken, denn bei laut gesprochenen Worten hätten sich bestimmt mehrere Köpfe in meine Richtung gewandt): „Ich verstehe nicht — was soll das heißen?"

Die Stimme antwortete so deutlich wie vorher: „Richte niemals heilende Energien auf einen anderen Menschen, ohne vorher deine eigenen negativen Energien zu reinigen, sonst überträgst du nur zusätzlich deine eigene Negativität auf sie."

Eingeschüchtert fragte ich: „Was soll ich tun?"

Die Stimme fuhr fort: „Reinige dich zuerst selbst mit Hilfe des Weißen Lichts." Ich tat, was die Stimme sagte. „Erfülle dich jetzt mit blauen Licht." Auch das tat ich. Dann hörte ich: „Jetzt erfülle dich mit grünem Licht." Nachdem ich das ebenfalls getan hatte, sagte die Stimme: „Jetzt kannst du heilende Energien aussenden", und hielt mir zum Schluß noch einmal mahnend vor: „Tu das niemals wieder!"

Ich war zwar etwas amüsiert über die Dreistigkeit dieses letzten Befehls, aber nichtsdestoweniger dankbar und schickte dem sich verabschiedenden Geist (— denn worum könnte es sich sonst gehandelt haben?) in Gedanken ein Dankeschön hinterher. Dann wandte ich mich wieder meiner Aufgabe zu, voll Verwunderung darüber, daß irgend jemand (oder irgend etwas) sich die Mühe gemacht hatte, mich zu unterbrechen und aufzuklären. In den darauffolgenden Jahren habe ich es nie versäumt, diese Information weiterzugeben, wann immer sich die Gelegenheit bot.

Einige der Leute, die mit Kristallen arbeiten, glauben, daß es am besten sei, persönliche Kristalle, d. h. Kristalle, die ausschließlich von einer Person benutzt werden, von anderen Menschen weder betrachten noch in die Hand nehmen zu lassen, um die große Menge persönlicher Energie, die sich mit ihm verbindet, nicht zu zerstören. Meiner Ansicht nach braucht man sich darüber keine allzu großen Sorgen zu machen. Sollte so etwas geschehen, und Sie nehmen Negativität in irgendeiner Form wahr, können Sie den Kristall mit einer der beschriebenen Methoden leicht reinigen. Tauchen Sie ihn in Salzwasser, und augenblicklich ist alle Negativität beseitigt.

Vergessen Sie nicht, daß Ihre Absicht bei der Benutzung des Kristalls immer darauf ausgerichtet sein sollte, Reinheit, Ganzheit, Liebe und Heilung zu erzielen und alle negativen Energien, woher sie auch immer stammen mögen, bewußt und willentlich in Licht und Liebe umzuwandeln, während Sie kraft Ihres Willens darauf hinwirken, daß alle positiven Energien, auf die der Stein vorher eingestellt worden ist, erhalten bleiben. Dieses bewußte Ziel wird Ihren Kristall jeder Zeit frei von negativen Einflüssen halten.

Die unterschiedlichen Gewohnheiten hinsichtlich der Pflege von Kristallen und des Umgangs mit ihnen weisen eine Reihe von Gemeinsamkeiten auf, zum Beispiel die Gaben zu respektieren, die Kristalle uns anbieten, in ihrer Nähe vorsichtig mit unseren Gedanken und Gefühlen sowie auch liebevoll und aufmerksam zu sein, als eine Möglichkeit, im inneren Gleichgewicht zu bleiben und im Hinblick auf die Auswirkung, die unser Arbeiten mit dem Kristall auf andere haben könnte, die Goldene Regel anzuwenden. Und das heißt in der Praxis, unsere gegenseitige Integrität und Freiheit zu berücksichtigen. Denn vergessen Sie nicht, die Verstärkungseigenschaften des Kristalls verstärken unsere Gedanken und Energien entweder zu unserem Schaden oder zu unserem Vorteil.

Damit der Kristall Ihre Schwingungen aufnehmen kann, machen Sie ihn zu Ihrem ständigen Begleiter. Wenn Sie meditieren, halten Sie ihn in der Hand oder, wenn das unbequem ist, legen Sie ihn neben oder auf Ihren Körper, damit er sich in Ihrem Aurafeld befindet und Ihre Schwingungen aufnimmt. Wo immer Sie hingehen, nehmen Sie ihn mit. Tragen Sie ihn immer am Körper. Je länger er in Ihrer Gegenwart und somit unmittelbar Ihren Schwingungen ausgesetzt ist, desto eher wird er zu einer Erweiterung Ihrer Selbst und kann dementsprechend eingesetzt werden.

# Bibliographie

Achad, Frater. *Crystal Vision Through Crystal Gazing.* Jacksonville, FL: Yoga Publication Society, 1923.

Alper, the Reverend Dr. Frank. *Exploring Atlantis,* Vols. I and II. Phoenix, AZ: Arizona Metaphysical Society, 1982.

Baer, Randall N., and Vicky B. *Windows of Light.* New York: Harper & Row Publishers, Inc., 1984

Bonewitz, Ra. *Cosmic Crystals.* Wellingborough, England: Turnstone Press, 1983.

Cayce, Edgar. *Scientific Properties and Occult Aspects of 22 Gems, Stones and Metals,* from the Edgar Cayce Readings. Virginia Beach, VA: ARE Press.

Crow, W. B.: *Precious Stones: Their Occult Power and Hidden Significance.* York Beach, ME: Samuel Weiser, Inc., 1968.

DaEl. *The Crystal Book.* Sunol, CA: The Crystal Company, 1983

Deaver, Korra L. *Rock Crystal: Nature's Perfect Talisman.* Little Rock, AR: Parapsychology Center, 1978.

Evans, Joan. *Magical Jewels of the Middle Ages and the Renaissance.* New York: Dover Press, 1976

Fernie, William Thomas. *Occult and Curative Powers of Precious Stones.* New York: Harper & Row Publishers, Inc., 1907.

Ferguson, Sibyl. *The Crystal Ball.* York Beach, ME: Samuel Weiser, Inc. 1979.

Finch, Elizabeth. *The Psychic Value of Gemstones.* Cottonwood, AZ: Esoteric Publications, 1979.

Glick, Joel, and Julia Lorusso. *Healing Stoned. Albuquerque,* NM: Brotherhood of Life Books, 1979.

Hodges, Doris. *Healing Stones.* Perry, IA: Pyramid Publishers of Iowa, 1961.

Jaegers, Bevy. *The Art of Crystal Gazing.* Sappington, MO: Aries Productions, 1983. Sie können das Buch bei folgender Adresse ordern: Aries Productions, PO Box 29396, Sappington, MO, 63126, U.S.A.

Kunz, G. F. *Curious Lore of Precious Stones.* Philadelphia: J. B. Lippincott, 1913; reprinted in 1970 by Dover Press, New York.

Mella, Dorothee. *The Legendary and Practical Use of Gems and Stones.* Albuquerque, NM: Domel Press, 1976. *Stone Power.* Albuquerque, NM: Domel Press, 1979.

Melville, J. *Crystal Gazing and Clairvoyance.* York Beach, ME: Samuel Weiser, Inc., 1974.

Rea, John D. *Notes on the Uses of Quartz Crystal.* Boulder CO: High Peak Crystal Company, 1982. *The Quartz Crystal Story.* CO: High Peak Crystal Company, Inc., 1272 Bear MT. CT., Boulder CO 80303, USA

Richardson, Wallace G., Durchsagen von Lenora Huet. *Spiritual Value of Gemstones.* Marina des Rey, CA: DeVorss Publishing Co., 1980.

Stewart, Nelson. *Gemstones of the Seven Rays.* Madras, India: The Theosophical Publishing House, 1939; reprinted in 1975 by Health Research, Mokelume Hill, CA.

Thomas, William and Kate Panitt. *The Book of Talismans, Amulets and Zodiacal Gems.* N. Hollywood, CA: Wilshire Book Co., 1970.

Wright, Ruth, and Robert Chadbourne. *Gems and Minerals of the Bible.* New Canaan, CT: Keats Publishing, 1977.

# Mein Kristall-Tagebuch

# Mein Kristall-Tagebuch

# Mein Kristall-Tagebuch

# Mein Kristall-Tagebuch

# Mein Kristall-Tagebuch

# Mein Kristall-Tagebuch

# Mein Kristall-Tagebuch

# Mein Kristall-Tagebuch

# Mein Kristall-Tagebuch

# Mein Kristall-Tagebuch

# Mein Kristall-Tagebuch

# Mein Kristall-Tagebuch

# Mein Kristall-Tagebuch

# Mein Kristall-Tagebuch

Helmut Whitey Kritzinger

## Numerologie und Partnerschaft

Was Zahlen über den Lebensweg, Partnerschaften und Beziehungen sagen können

Zahlen sind seit jeher Vermittler kosmischer Gesetzmäßigkeiten. Hermetische Numerologie ist das weltweit erste System, das über die Geburtsdaten zu einem detaillierten Partner-Numeroskop führt. Außerdem ermöglicht es natürlich auch eine umfassende Persönlichkeitsanalyse - und öffnet sogar Fenster für einen Blick in die Zukunft.
Was verbindet Menschen; welche Ziele können sie gemeinsam verfolgen, welches unbewußte Potential kann sich im Zusammenleben zur gegenseitigen Bereicherung entfalten. Was ist in welcher Beziehung gegeben, verlaufen die Lebensrhythmen in Einklang?

240 Seiten, DM 24,80
ISBN 3-89385-109-7

Werner Koch

## Das Atem-Heilbuch

Spirituelle Atemübungen für ein neues, intensives Lebensgefühl mit mehr Freude und Energie durch befreites Atmen

Atmen ist weit mehr als nur Luftholen. Aber kann denn die Art und Weise, wie wir atmen, unser Leben verändern und neue Erfahrungen bringen?
Nicht ohne Grund wird die bewußte Erfahrung des Atems in vielen Traditionen "Königsweg zur spirituellen Einweihung" genannt.
Wie der Atem, so das Leben. Ist er flach und mechanisch, wird auch die Lebenskraft und Lebensfreude auf Sparflamme laufen: Das Leben plätschert dahin, nichts passiert mehr. Kraftvolles, gefühlvolles Atmen dagegen erhebt, macht lebendig und läßt den Puls des Lebens fühlen: Lust aufs Leben, Freude und Begeisterung.

176 Seiten, DM 19,80
ISBN 3-89385-107-0

Shalila Sharamon • Bodo Baginski

## Edelsteine und Sternzeichen

**Die geheimnisvolle Kraft edler Steine und ihre Beziehung zu den zwölf Tierkreiszeichen**

Schon immer hat man bestimmte Edelsteine und Tierkreiszeichen miteinander in Verbindung gebracht, über die genaue Zuordnung aber herrschten vielfach unterschiedliche Auffassungen, die verwirren konnten. Mit diesem Buch beweisen die Autoren jedoch, daß es möglich ist, das Wesentliche herauszulösen und übersichtlich, anschaulich und lebendig darzustellen. Sie zeigen, wie einfach man Edelsteine tragen, anwenden und verschenken kann, denn Edelsteine können hilfreiche Begleiter auf dem Weg zu mehr Glück, Liebe und Erfüllung sein.

192 Seiten, DM 19,80
ISBN 3-89385-050-3

Shalila Sharamon • Bodo Baginski

## Das Chakra-Handbuch

**Vom grundlegenden Verständnis zur praktischen Anwendung**

Dieses Buch bietet eine umfassende Anleitung zur Harmonisierung unserer feinstofflichen Energiezentren. Das Wissen um die Chakren vermittelt uns tiefe Einsichten über die Wirksamkeit der subtilen Kräfte im menschlichen Organismus. Zur praktischen Chakra-Arbeit beschreibt das Buch präzise eine Fülle von Möglichkeiten: die Anwendung von Klängen, Farben, Edelsteinen, Mantren und Düften mit ihren spezifischen Wirkungen auf die einzelnen Energiezentren, ergänzt durch verschiedene Meditationen, Körperübungen, Atemübungen,Naturerfahrungen

256 Seiten, DM 19,80
ISBN 3-89385-038-4

Paula Horan/Brigitte Ziegler

## Kraft aus der Mitte des Herzens

Voller Energie, in der Mitte unseres Herzens zentriert mit klarem und offenem Blick in die Welt schauen, dem Leben intensiv begegnen, ohne Angst, ohne Kompromisse - wer möchte das nicht. Doch zuerst müssen wir unsere Co-Abhängigkeiten auflösen: unsere Sucht nach Essen, Alkohol, alten Gewohnheiten, Problemen, Freunden, Liebe, Bestätigung... Im Laufe unseres Lebens formen sich unsere Gedanken zu Kristallen und setzen sich im Körper fest, um irgendwann den Energiefluß zu blockieren: unsere Wahrnehmung wird trübe, die Lebensfreude läßt nach, es fehlt Energie. Die Autorinnen sind Therapeutinnen: sie zeigen uns, wie wir Körperkristalle aufspüren, Co-Abhängigkeiten erkennen, Bindungen loslassen und das Leben wieder voller Begeisterung erfahren können.

128 Seiten, DM 16,80
ISBN 3-89385-080-5

Shalila Sharamon, Bodo J.Baginski

## Einverstandensein

Der Weg zur Einheit führt über das Einverstandensein und damit über die Erlösung des “Schattens”, also all jener Anteile der Ganzheit, die wir in die Einseitigkeit verdrängt haben, und die uns in Form von Schicksal, Krankheit und Leid wieder begegnen. Das Einverstandensein führt uns zu unserer eigentlichen Mitte und somit zu wirklicher Heilung, zu einer Entfaltung unseres gesamten Potentials an Liebe und schöpferischer Energie.
Der “Schatten”, seit C.G.Jung Synonym für all jene Anteile der Ganzheit, die durch den Menschen ins Unbewußte verdrängt und abgeschoben wurden, erfährt durch die hier dargestellte Methode eine tatsächliche Erlösung aus der Verbannung. Hierin liegt tatsächlich die große Chance des Menschen, sich ohne Umwege in Richtung Vollkommenheit zu entwickeln.

176 Seiten, DM 19,80
ISBN 3-89385-086-4

Ferry Lackner

## Das Licht der Engel

**Ein "himmlisches" Einweihungsspiel und praktischer Leitfaden für die Begegnung mit Engeln und Schutzengeln**

Das Licht der Engel ist ein praktischer Leitfaden für die Begegnung mit den Engeln. Die Engel-Karten ermöglichen eine spielerisch leichte Verbindung zu dem Schutzengel einer gegebenen Situation. So kann man sich über eine entsprechende Meditation mit Hilfe der Affirmations-Karten göttliche Inspiration und Eingebung erschließen. Die Zuordnung der Engel zu den verschiedenen Chakren und Lichtstrahlungen, ein genau strukturiertes Arbeitsprogramm, Anleitungen zur Bildmeditation und zum persönlichen Lebensbaum usw. erleichtern die praktische Verwirklichung der Engel-Energien im Alltag.

Set mit 78 Karten und
128seitigem Buch, DM 49,80
ISBN 3-89385-114-3

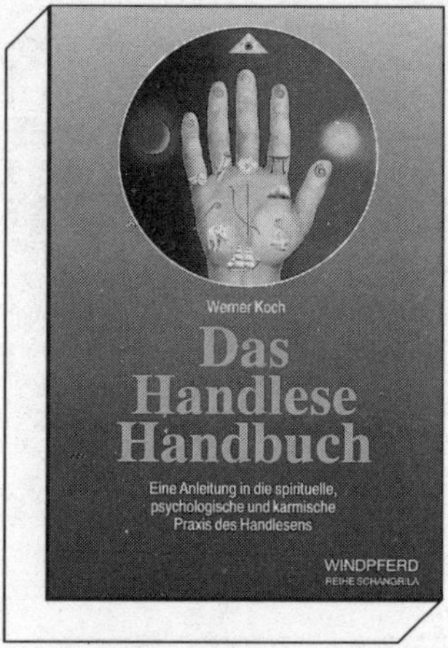


Werner Koch

## Das Handlese Handbuch

**Eine Anleitung in die spirituelle, psychologische und karmische Praxis des Handlesens**

Dieses hervorragend aufgebaute Buch ist eine Anleitung für die spirituelle, psychologische und karmische Praxis des Handlesens. Werner Koch zeigt, wie wir mit viel Respekt, Liebe und Verständnis die Geheimnisse der Hand entschlüsseln können: Handlesen als ein Prozeß der Selbsterfahrung.
Über Proportion, Form, Größe der Hand, der Finger, der Linien - dargestellt anhand vieler schöner und anschaulicher Abbildungen - erfahren wir alles, was zu einer umfassenden ganzheitlichen Deutung notwendig ist, erhalten Kenntnisse zur Datierung von Ereignissen in der Vergangenheit wie in der Zukunft.

240 Seiten, DM 24,80
ISBN 3-89395-111-9